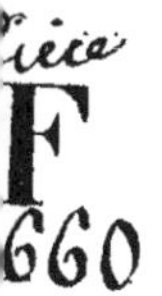

GOUVERNEMENT GÉNÉRAL DE L'INDOCHINE

ARRÊTÉ

du 28 février 1929

portant règlement des conditions d'installation et d'emploi des postes radioélectriques privés en Indochine.

HANOI-HAIPHONG
IMPRIMERIE D'EXTRÊME-ORIENT

1929

GOUVERNEMENT GÉNÉRAL DE L'INDOCHINE

ARRÊTÉ

du 28 février 1929

portant règlement des conditions d'installation et d'emploi des postes radioélectriques privés en Indochine.

HANOI-HAIPHONG
IMPRIMERIE D'EXTRÊME-ORIENT
—
1929

Le Gouverneur général de l'Indochine, Commandeur de la Légion d'honneur,

Vu les décrets du 20 octobre 1911, portant fixation des pouvoirs du Gouverneur général et organisation financière et administrative de l'Indochine ;
Vu le décret du 23 août 1928 ;
Vu l'article 3 de la loi du 29 novembre 1850 sur la correspondance privée ;
Vu le décret-loi du 27 décembre 1851 concernant le monopole et la police des lignes télégraphiques (rendu applicable en Indochine par décret du 22 janvier 1891, promulgué par arrêté du 13 avril 1891) ;
Vu l'article 85 de la loi des Finances du 30 juin 1923 (promulgué en Indochine par arrêté du 19 septembre 1923) étendant aux signaux radioélectriques de toute nature les dispositions du décret-loi du 27 décembre 1851, relatives aux lignes télégraphiques ;
Vu l'arrêté du 23 mars 1925 chargeant le Service radiotélégraphique du contrôle des postes radioélectriques privés ;
Vu le décret du 28 décembre 1926 portant règlementation dans la Métropole des postes privées radioélectriques et des stations émetteurs de radiodiffusion ;
Vu la circulaire ministériel n° 123 du 14 janvier 1928 donnant des directives en vue de l'établissement d'une règlementation analogue dans les Colonies ;
Vu l'arrêté du 14 mars 1928 instituant une commission permanente de radioélectricité et l'avis émis par cette commission ;
La Commission permanente du Conseil de Gouvernement de l'Indochine entendue,

ARRÊTE :

Article premier. — Aucune installation radioélectrique privée pour l'émission ou la réception de signes, de signaux, d'écrits, d'images ou de sons, ne peut être établie ni utilisée sur le territoire de l'Indochine française (y compris le territoire de Kouang-Tchéou-Wan) que dans les conditions déterminées par arrêté du Gouverneur général.

La règlementation des postes privés mobiles, par exemple à bord de navires, d'aéronefs, etc... fera l'objet d'arrêtés ultérieurs.

Le présent arrêté fixe les conditions dans lesquelles peuvent être autorisés l'installation et l'emploi des postes radioélectriques privés non mobiles. Il n'est pas applicable aux postes radioélectriques exploités par le Service radiotélégraphique de l'Indochine, par les concessionnaires de services radiotélégraphiques publics, par les services militaires (Guerre et Marine) ou par certaines Administrations publiques autorisées à échanger par voie TSF des télégrammes officiels. Toutefois, la création de postes nouveaux (administratifs ou militaires) est subordonnée à une décision du Gouverneur général et tous les postes sans exception doivent se conformer au point de vue du choix de la longueur d'onde, de la puissance et de l'horaire aux indications qui leur seront données par le Chef du Service radiotélégraphique.

TITRE I

Postes privés radioélectriques de réception

Art. 2. — Les postes radioélectriques servant uniquement *à la réception de signaux ou de communications n'ayant pas le caractère de correspondances particulières* sont divisés en 4 catégories :

1° Postes installés par les établissements publics ou d'utilité publique pour des auditions gratuites ;
2° Postes installés par des particuliers pour des auditions publiques ou payantes ;
3° Postes à lampes qui ne sont pas destinés à des auditions publiques ou payantes ;
4° Postes à cristaux sans lampes.

Art. 3. — L'emploi des postes récepteurs des trois premières catégories doit faire l'objet d'une autorisation accordée par le Chef d'Administration locale, après avis du Chef du Réseau radiotélégraphique intéressé. L'usager doit adresser au Chef d'Administration locale en double exemplaire dont un sur papier timbré à 0 $ 20 (vingt centièmes de piastre), une demande établie conformément au modèle n° 1 annexé au présent arrêté et accompagnée de toutes pièces justificatives utiles. Il doit en outre fournir tous les renseignements complémentaires qui lui seraient demandés par le Chef de l'Administration locale ou par le Chef du Réseau radiotélégraphique intéressé. Il doit être fait une demande par poste, même dans le cas où plusieurs postes auraient des organes communs.

Art. 4. — L'emploi de haut-parleurs pour des auditions publiques, de signaux ou communications n'ayant pas le caractère de correspondances particulières peut faire l'objet d'une autorisation permanente pour les cercles, cafés, salles de concerts ou de théâtre, cinémas, halls de journaux, etc.. ainsi que pour les réunions de moins de vingt personnes. Pour les réunions de vingt personnes ou de plus de vingt personnes en dehors des lieux publics énumérés ci-dessus, l'autorisation doit être demandée chaque fois.

Art. 5. — L'emploi de postes récepteurs de la 4e catégorie doit faire l'objet de la part de l'usager d'une déclaration au bureau de Poste de sa résidence ou le plus rapproché de sa résidence. Les bureaux de Poste adressent tous les trimestres une liste récapitulative de ces déclarations à l'Administrateur Chef de province et au Chef du Réseau radiotélégraphique intéressé. Les Chefs de province adressent chaque trimestre copie de ces listes au Chef d'Administration locale. Aucune transformation d'un poste à cristaux sans lampes en poste à lampes ne peut être effectuée sans l'autorisation prévue à l'article 3.

Art. 6. — Les postes visés à l'article 2 du présent arrêté sont autorisés seulement à recevoir soit les signaux ou communications adressés « à tous », soit les signaux d'expérience, à l'exclusion absolue de correspondances particulières adressées à des postes assurant un service public de communications ou à des postes privés dûment autorisés à cet effet.

L'établissement des postes destinés à recevoir des correspondances particulières est subordonné à une autorisation spéciale dans les conditions fixées pour les postes d'émission par le titre II du présent arrêté.

TITRE II

Postes privés radioélectriques d'émission

Art. 7. — L'établissement et l'emploi des postes privés radioélectriques d'émission de toute nature (ainsi que de tout poste privé radioélectrique de réception destiné à recevoir des correspondances particulières) est subordonné à une autorisation spéciale délivrée par le Gouverneur général après avis de la Commission permanente de Radioélectricité instituée par l'arrêté du 14 mars 1928.

Art. 8. — Est considéré comme poste privé radioélectrique d'émission tout poste radioélectrique d'émission non exploité par l'Administration pour un service officiel ou public de communication ou par un permissionnaire autorisé à effectuer un service de même nature.

Les postes privés radioélectriques d'émission sont divisés en cinq catégories :

1° Postes fixes destinés à l'établissement de communications privées ;

2° Postes mobiles et postes terrestres correspondant avec ces postes pour l'établissement de communications privées et non régis par les dispositions des conventions internationales ou des règlements intérieurs ;

3° Postes fixes ou mobiles établis par les concessionnaires ou permissionnaires de services publics pour les besoins de l'exploitation desdits services ;

4° Postes destinés à des essais d'ordre technique ou à des expériences scientifiques ne pouvant servir qu'à l'échange des signaux et communication de réglage à l'exclusion de toute émission de radiodiffusion ;

5° Postes d'amateurs servant exclusivement à des communications utiles au fonctionnement des appareils, à l'exclusion de toute correspondance ayant un caractère d'utilité actuelle et personnelle.

Art. 9. — Toute demande d'autorisation relative à l'emploi de postes émetteurs de toutes catégories (ou de postes récepteurs destinés à recevoir des correspondances particulières) doit être conforme à l'un des modèles 2 et 3 annexés au présent arrêté. Elle doit être adressée en deux exemplaires dont un sur papier timbré à 0 $ 20, au Chef d'Administration locale accompagnée de toutes pièces justificatives utiles. Ce haut fonctionnaire après avoir pris l'avis du Chef du Réseau radiotélégraphique intéressé et recueilli tous les renseignements qu'il juge utiles, transmet le dossier avec ses propositions au Gouverneur général. Le Gouverneur général statue après avis de la Commission permanente de Radioélectricité.

Art. 10. — Aucun appareil servant à l'émission ne peut être manœuvré que par le titulaire du certificat d'opérateur radiotélégraphiste ou radiotéléphoniste délivré en Indochine après un examen dont les conditions sont définies dans l'instruction annexée au présent arrêté. Cet examen a lieu par les soins du Service radiotélégraphique à l'endroit désigné par le Chef de ce service. Les frais d'examen sont fixés à cinq piastres par candidat examiné, au profit du Budget général de l'Indochine (Recettes du Service radiotélégraphique). Le candidat doit verser cette somme dans un bureau des Postes, des Télégraphes et des Téléphones contre remise d'un récépissé spécial et doit remettre ce récépissé avant l'examen au Président de la Commission chargée de lui faire subir les épreuves.

Les titulaires du certificat d'opérateur radiotélégraphiste ou radiotéléphoniste délivré en France conformément au décret du 28 décembre 1926 sont dispensés de cet examen.

Art. 11. — Les conditions techniques d'emploi des postes émetteurs des 5 catégories sont fixées dans l'annexe n° 6 jointe au présent arrêté.

Art. 12. — Les autorisations d'emploi de postes radioélectriques émetteurs ne peuvent être accordées qu'aux citoyens, sujets, ou protégés français.

Seules pourront être autorisées les émissions en langage clair faites en langue française ou dans une des langues indochinoises. L'usage des autres langues est rigoureusement interdit.

Sont rigoureusement interdites toutes émissions radioélectriques faites par des procédés spéciaux qui ne permettraient pas leur réception par les appareils de l'Administration.

TITRE III

Postes de radiodiffusion

Art. 13. — L'établissement et l'emploi de postes émetteurs de radiodiffusion sont subordonnés à une autorisation spéciale délivrée par le Gouverneur général dans les mêmes conditions que pour les postes d'émission et demandée dans les mêmes formes (voir Titre II), mais qui doit être soumise à l'approbation du Ministre des Colonies.

Cette autorisation fixera les conditions de fonctionnement du poste. Le texte des émissions devra être soumis au contrôle préalable de l'Administration et l'exploitant sera toujours responsable des émissions faites.

Seules seront autorisées normalement les émissions en langage clair faites en langue française ou dans une des langues indochinoises. L'usage d'une autre langue devra faire l'objet, pour chaque texte déterminé, d'une autorisation spéciale.

TITRE IV

Dispositions communes aux postes privés radioélectriques de toute nature

Art. 14. — Les postes privés radioélectriques de réception, d'émission ou de radiodiffusion sont établis, exploités et entretenus par les soins et aux risques des permissionnaires.

L'Etat, ni la Colonie ne sont soumis à aucune responsabilité en raison de ces opérations.

Art. 15. — Les postes privés radioélectriques de réception, d'émission ou de radiodiffusion ne doivent être la cause d'aucune gêne pour les postes assurant un service public de communications ou pour les postes privés spécialement autorisés à échanger des correspondances particulières.

En cas de troubles causés par un poste, l'Administration des Postes, des Télégraphes et des Téléphones de l'Indochine pourra prescrire toutes dispositions techniques qu'elle jugera utile.

Art. 16. — Les permissionnaires de postes émetteurs de 4e et 5e catégories ne pourront en matière d'émissions radioélectriques traiter avec des particuliers étrangers que sous le contrôle et avec l'approbation préalable du Service des Postes et Télégraphes de la Colonie. Les permissionnaires des postes des autres catégories et des postes de radiodiffusion ne peuvent être admis à traiter avec les Etats, Offices ou particuliers érangers en matière d'émission et de transmission radioélectriques que dans les conditions visées à l'article 1er du décret du 29 juillet 1925 et cette autorisation doit faire l'objet dans chaque cas d'une décision du Ministre des Colonies.

Art. 17. — Les autorisations accordées ne comportent aucun privilège et ne peuvent faire obstacle à ce que des autorisations de même nature soient accordées ultérieurement à un pétitionnaire quelconque.

Elles sont délivrées sans garantie contre la gêne mutuelle qui serait la conséquence du fonctionnement simultané d'autres postes.

Elles ne peuvent être transférées à des tiers. Toute cession totale ou partielle d'autorisation, tout changement de permissionnaire, ne peut avoir lieu qu'après approbation préalable de l'Autorité qui a délivré l'autorisation.

Sous réserve de clauses spéciales qui pourraient être insérées dans les autorisations relatives aux postes de radiodiffusion, toutes les autorisations sont révocables à tout moment sans indemnité par l'Autorité qui les a accordées et notamment dans les cas suivants :

1° Si le permissionnaire n'observe pas les conditions particulières qui lui ont été imposées pour l'établissement et l'utilisation de son poste ;

2° S'il commet une infraction aux règlements intérieurs ou internationaux sur le fonctionnement et l'exploitation des postes radioélectriques ;

3° S'il utilise son poste à d'autres fins que celles qui ont été prévues dans l'autorisation ou la déclaration, notamment s'il capte indûment des correspondances qu'il n'est pas autorisé à recevoir ou s'il viole le secret de celles qu'il a captées fortuitement ;

4° S'il apporte un trouble quelconque au fonctionnement des services publics utilisant soit la voie radioélectrique ou radiotéléphonique, soit la télégraphie ou la téléphonie sans fil, à haute ou à basse fréquence.

Art. 18. — Le matériel des postes radioélectriques d'émission, que ces postes soient établis par la Colonie, des Etablissements publics ou des particuliers, devra, autant que possible, être de fabrication française.

Art. 19. — Le bénéficiaire d'une autorisation qui désire ultérieurement apporter des modifications aux caractéristiques du poste figurant dans la demande d'autorisation doit au préalable notifier ces nouvelles caractéristiques au Chef du Réseau radiotélégraphique qui fait connaître à l'intéressé s'il y a lieu de présenter une nouvelle demande d'autorisation à instruire dans les conditions prévues.

Le permissionnaire qui cesse de se servir de ses installations radioélectriques doit en aviser, sans retard, le Chef de l'Administration locale et le Chef du Réseau radiotélégraphique.

Art. 20. — Si l'autorisation est retirée par application de l'article 17 ou devient caduque par le départ ou le décès du permissionnaire, ou si celui-ci cesse volontairement de se servir de ses installations radioélectriques, le permissionnaire ou ses ayants-droit sont tenus de mettre immédiatement les dites installations hors d'état de fonctionner. Si dans le délai maximum d'un mois, la suppression complète du poste n'est pas réalisée, le Chef d'Administration locale peut, après un avertissement adressé au concessionnaire faire procéder aux frais de celui-ci à la démolition du poste.

Art. 21. — Les permissionnaires sont soumis de plein droit à toutes les dispositions notamment d'ordre fiscal, des actes législatifs, règlementaires ou administratifs intervenus ou à intervenir en matière d'échange de signaux radioélectriques, d'établissement de postes radioélectriques, de concession de lignes ou de postes d'intérêt privé.

Art. 22. — Les informations de toute nature transmises par les postes radioélectriques sont soumises au contrôle prévu par l'article 3 de la loi du 29 novembre 1850 sur la télégraphie privée.

Art. 23. — Il est rigoureusement interdit à tout détenteur de poste de réception des 4 catégories visées à l'article 2 de recevoir des communications ayant le caractère de correspondances particulières. Il est rigoureusement interdit à tout détenteur de poste de réception destiné à recevoir des correspondances particulières (article 8) de recevoir d'autres correspondances que celles qui lui sont adressées personnellement par le poste dûment autorisé à cet effet.

La personne qui aurait capté par erreur des correspondances qu'elle n'a pas le droit de recevoir doit les tenir secrètes ; elle ne peut les communiquer qu'aux fonctionnaires chargés du contrôle ou aux officiers de police judiciaire.

Aucun permissionnaire ne peut non plus répandre dans le public les communications adressées « à tous » captées par lui que s'il en a fait la demande et y a été autorisé spécialement par le Chef d'Administration locale.

Il est rigoureusement interdit à tout détenteur de poste d'émission des 4e et 5e catégories ou de poste de radiodiffusion d'émettre des communications ayant le caractère de correspondances particulières.

Il est rigoureusement interdit à tout détenteur de poste d'émission autorisé à émettre des communications privées, d'émettre d'autres communications que celles visées dans l'autorisation.

TITRE V

Importation, fabrication et vente des appareils complets ou des pièces détachées

Art. 24. — L'importation, la fabrication ou la vente en Indochine d'appareils radioélectriques complets ou des pièces essentielles suivantes : lampes, condensateurs, selfs, transformateurs, microphones d'émission, doit faire l'objet d'une autorisation spéciale accordée par le Gouverneur général.

Les appareils ou pièces indiqués ci-dessus ne pourront être enlevés du bureau de douane importateur qu'après présentation de l'autorisation prévue au paragraphe précédent.

Art. 25. — Les industriels ou commerçants qui auront obtenu l'autorisation *d'importer*, de fabriquer ou de vendre des appareils ou des pièces détachées devront tenir un registre spécial conforme au modèle annexé au présent arrêté. Ce registre sera côté et paraphé par le Maire ou le Commissaire de police ou le Résident Chef de province.

Les inscriptions sur le registre sont faites sans aucun blanc, rature, ni surcharge, au moment même de l'entrée en magasin pour les appareils ou pièces détachées importés ou fabriqués et au moment de la vente ou de la livraison. Elles indiquent le numéro de l'autorisation d'importation ou de fabrication et le numéro de l'autorisation de vente ou de livraison prévues à l'article 24 du présent arrêté.

Ce registre devra être tenu régulièrement à jour et présenté à toute réquisition des autorités locales, du Service de la Sûreté, de l'Administration des Postes, des Télégraphes et des Téléphones de l'Indochine.

Les appareils vendus complets devront être immatriculés.

Toute vente d'un poste d'émission doit être immédiatement portée à la connaissance du Directeur des Postes, des Télégraphes et des Téléphones avec le nom et l'adresse de l'acquéreur et la description du poste.

TITRE VI

Controle

Art. 26. — Le Service radiotélégraphique exerce un contrôle permanent sur les conditions techniques et d'exploitation des stations et des postes privés radioélectriques de toutes catégories.

Le Directeur des Affaires politiques et de la Sûreté générale et le Chef du Service radiotélégraphique sont chargés, de contrôler la teneur des émissions et coopèrent pour la recherche des postes clandestins.

Les Chefs de Réseau radiotélégraphique signalent aux Chefs d'Administration locale intéressés les infractions aux règlements qui ont été constatées et lui proposent toutes mesures utiles.

Art. 27. — Les Chefs d'Administration locale, le Général Commandant supérieur et le Commandant de la Marine, le Directeur des Finances, le Directeur des Douanes et Régies, le Directeur des Postes, des Télégraphes et des Téléphones et le Directeur des Affaires politiques et de la Sûreté générale sont chargés, chacun en ce qui le concerne, de l'exécution du présent arrêté.

Hanoi, le 28 février 1929.

P. PASQUIER

INDOCHINE FRANÇAISE

Arrêté du 28 février 1929

ANNEXE N° 1

Timbre à 0 $ 20

DEMANDE D'AUTORISATION

pour l'établissement d'un poste radioélectrique privé de réception servant uniquement à la réception de signaux ou de communications n'ayant pas le caractère de correspondances particulières (1re, 2e ou 3e catégorie).

Je soussigné (nom, prénoms et profession)

Lieu et date de naissance

Nationalité

Adresse

Demande l'autorisation d'établir et d'utiliser suivant les dispositions règlementaires en vigueur et conformément aux indications ci-après :

un poste radioélectrique privé de réception de la .... catégorie (1) servant uniquement à la réception de signaux ou de communications n'ayant pas le caractère de correspondances particulières,

et m'engage à cet effet à me soumettre à toutes les dispositions actuelles ou futures règlementant l'établissement et l'usage des postes de cette nature ainsi qu'aux conditions techniques particulières qui pourraient m'être imposées.

Emplacement du poste

Renseignements sur l'antenne ou le cadre

Renseignements sur l'appareil récepteur

Nombre de lampes

---

(1) *Première catégorie.* — Postes installés par les établissements publiçs ou d'utilité publique pour des auditions gratuites.

Deuxième catégorie. — Postes installés par des particuliers pour des auditions publiques ou payantes.

Troisième catégorie. — Postes à lampes qui ne sont pas destinés à des auditions publiques ou payantes.

Si l'appareil récepteur a été acheté au complet, indiquer le fournisseur et le type de l'appareil.

Si l'appareil est monté par les soins du permissionnaire indiquer le montage, et si ce montage n'est pas d'un type courant (Bourne, etc...) joindre un schéma du montage.

AVIS DU CHEF DU RÉSEAU RADIOTÉLÉGRAPHIQUE

DÉCISION DU GOUVERNEUR OU DU RÉSIDENT SUPÉRIEUR

Copie de la décision ci-dessus a été adressée au pétitionnaire le ....

INDOCHINE FRANÇAISE

Arrêté du 28 février 1929

ANNEXE N° 2

Timbre à 0 $ 20

DECLARATION

d'un poste radioélectrique privé de réception de la 4e catégorie (poste à cristaux, sans lampes) servant uniquement à la réception de signaux ou de communications n'ayant pas le caractère de correspondances particulières.

Je soussigné (nom, prénoms, profession)

Date et lieu de naissance

Nationalité

Adresse

Déclare être en possession d'un poste radioélectrique de réception de la 4e catégorie (poste à cristaux sans lampes) servant uniquement à la réception de signaux ou de communications n'ayant pas le caractère de correspondances particulières.

Emplacement du poste :

Versé la somme de deux piastres.

A ...., le .... 19 ....

Le déclarant,

Timbre du bureau des P.T.T.

RECEPISSE DE DECLARATION

d'un poste radioélectrique privé de réception de la 4e catégorie (poste à cristaux sans lampes) servant uniquement à la réception de signaux ou de communications n'ayant pas le caractère de correspondances particulières.

Nom, prénoms et profession

Lieu et date de naissance

Nationalité

Adresse

Le déclarant a versé la somme de deux piastres.

A ...., le .... 19 ....

Le Receveur,

INDOCHINE FRANÇAISE

Arrêté du 28 février 1929
ANNEXE N° 3

Timbre à 0 $ 20

DEMANDE D'AUTORISATION

pour l'établissement d'un poste radioélectrique privé de réception destiné à la réception de correspondances particulières.

Je soussigné (nom, prénoms, profession)
Lieu et date de naissance
Nationalité
Adresse

Demande l'autorisation d'établir et d'utiliser suivant les dispositions règlementaires en vigueur et conformément aux indications ci-après :

un poste radioélectrique privé de réception destiné à la réception de correspondances particulières,

et m'engage à cet effet à me soumettre à toutes les dispositions actuelles ou futures règlementant l'établissement et l'usage de poste de cette nature ainsi qu'aux conditions techniques particulières qui pourraient m'être imposées.

Destination du poste et but poursuivi par le pétitionnaire

Emplacement du poste

Emplacement du poste émetteur correspondant (ou des postes émetteurs correspondants)

Renseignements sur l'antenne ou le cadre

Renseignements sur l'appareil récepteur (indiquer le nombre de lampes). Si l'appareil récepteur a été acheté au complet, indiquer le fournisseur et le type de l'appareil. Si l'appareil récepteur est monté par les soins du permissionnaire, indiquer le montage, et si ce montage n'est pas d'un type courant (Bourne, etc...) joindre un schéma du montage. Heures proposées pour le fonctionnement du poste.

Observations particulières

A ...., le .... 19 ....

(*Signature*)

AVIS DU CHEF DU RESEAU RADIOTELEGRAPHIQUE

AVIS DU GOUVERNEUR OU RESIDENT SUPERIEUR

AVIS DE LA COMMISSION PERMANENTE DE RADIOELECTRICITE.

DECISION DU GOUVERNEUR GENERAL
et conditions particulières de l'autorisation

Copie de la décision ci-dessus a été adressée au pétitionnaire le ....

Indochine Française

Arrêté du 28 février 1929

Annexe n° 4

DEMANDE D'AUTORISATION

pour l'établissement d'un poste radioélectrique privé d'émission.

Je soussigné (nom, prénoms et profession)

Lieu et date de naissance

Nationalité

Adresse

Demande l'autorisation d'établir et d'utiliser suivant les dispositions règlementaires en vigueur et conformément aux indications ci-après :

un poste radioélectrique privé d'émission

et m'engage à cet effet à me soumettre à toutes les dispositions actuelles ou futures règlementant l'établissement et l'usage de postes de cette nature ainsi qu'aux conditions techniques particulières qui pourraient m'être imposées.

Catégorie du poste (1)

---

(1) *Première catégorie.* — Postes fixes destinés à l'établissement de communications privées ;

Deuxième catégorie. — Postes mobiles et postes terrestres correspondant avec ces postes pour l'établissement de communications privées et non régis par les dispositions des conventions internationales ou des règlements intérieurs ;

Troisième catégorie. — Postes fixes ou mobiles établis par les concessionnaires ou permissionnaires de services publics pour les besoins de l'exploitation desdits services ;

Quatrième catégorie. — Postes destinés à des essais d'ordre technique ou à des expériences scientifiques ne pouvant servir qu'à l'échange des signaux et communications de réglage à l'exclusion de toute émission de radiodiffusion ;

Cinquième catégorie. — Postes d'amateurs servant exclusivement à des communications utiles au fonctionnement des appareils à l'exclusion de toute correspondance ayant un caractère d'utilité actuelle et personnelle.

But poursuivi par le pétitionnaire.

Emplacement du poste et, le cas échéant, des postes récepteurs correspondants.

Horaire demandé pour le fonctionnement du poste.

Caractéristiques du poste :

a) Forme et dimension de l'antenne :

Antenne fictive non rayonnante ;

b) Type des appareils ;

c) Puissance totale mesurée à l'alimentation, c'est-à-dire aux points de l'installation où l'énergie électrique, avant d'être appliquée aux générateurs de haute fréquence apparaît pour la dernière fois sous forme de courant continu ou de courant des plus basses fréquences utilisées ;

d) Type d'onde .... { Entretenues manipulées ; Entretenues modulées par la parole ou par les sons musicaux ;

e) Forme des courants émis ;

f) Procédé de modulations ;

g) Longueur d'onde.

Prévisions moyennes d'utilisation horaire à diverses puissances et sous diverses longueurs d'onde.

Cas où les émissions doivent être faites sur antenne fictive non rayonnante.

Précautions qui seront prises, le cas échéant, pour avoir le moindre rayonnement possible dans l'exécution des autres essais.

Renseignements autres que ceux visés ci-dessus au sujet des essais qu'envisage le pétitionnaire.

Renseignements spéciaux pour une demande relative à un poste de la 4e catégorie :

Titres universitaires et diplômes scientifiques.

Travaux particuliers effectués — publications faites ;

Affiliation à une Société régulièrement déclarée.

Renseignements spéciaux pour une demande faite par un constructeur :

Raison sociale du fabricant d'appareils.

Lieu du siège social ou de la direction de l'entreprise.

Numéro d'inscription au registre du Commerce.

Groupements professionnels, industriels ou commerciaux auquel le pétitionnaire serait, le cas échéant, affecté.

Emplacement des ateliers de fabrication et lieu des essais.

Genre d'appareils fabriqués :

a) Postes de réception ;

b) Postes d'émission ne dépassant pas 100 watts-alimentation ;

c) Poste d'émission dépassant 100 watts-alimentation ;

d) Appareils scientifiques spéciaux ;

e) Justifications d'après les prévisions de fabrication, de la puissance et des gammes de longueurs d'onde nécessaires au Laboratoire d'essais.

A ...... le 19

(Signature)

AVIS DU CHEF DU RESEAU RADIOTELEGRAPHIQUE

AVIS DU GOUVERNEUR OU RESIDENT SUPERIEUR

AVIS DE LA COMMISSION PERMANENTE
DE RADIOELECTRICITE

DECISION DU GOUVERNEUR GENERAL
et conditions particulières de l'autorisation.

Indicatif d'appel

Certificat d'opérateur radiotélé ....

Délivré au pétitionnaire le ....

Copie de la décision ci-dessus a été adressée au pétitionnaire le ......

Arrêté du 28 février 1929

INDOCHINE FRANÇAISE

ANNEXE N° 5

PIÈCE N° I

INSTRUCTION

déterminant les conditions de délivrance des certificats d'opérateurs radiotélégraphistes ou radiotéléphonistes pour la manœuvre des appareils servant à l'émission.

Article premier. — Les certificats d'opérateurs radiotélégraphistes ou radiotéléphonistes, prévus à l'article 10 de l'arrêté du 28 février 1929 sont délivrés après examen comportant, pour les deux catégories de certificats, des épreuves pratiques (transmission et réception auditive, manœuvre et réglage) des appareils et des épreuves orales, sur les matières du programme figurant à la pièce n° 2 jointe à la présente instruction.

Pour être titulaire de l'un des deux certificats, le candidat doit obtenir au moins la note 10/20 pour chacune des épreuves.

L'examen peut avoir lieu au domicile du candidat, ou à tout endroit fixé par le Chef du Service radiotélégraphique devant une Commission nommée par ce Chef de Service.

Art. 2. — L'examen pour l'obtention du certificat d'opérateur *radiotélégraphiste* comporte les épreuves suivantes :

1° *Epreuves pratiques :*

a) Transmission de signaux Morse à une vitesse d'au moins 16 mots ou groupes à la minute, chaque mot, ou groupe, comprenant 5 lettres, chiffres ou signes de ponctuation ;

b) Réception au son d'un texte en langage clair de cinquante mots à la vitesse d'au moins 16 mots par minute ;

c) Utilisation des organes constitutifs de poste d'émission. Mise en marche, ajustement de couplage ; réglage de résonance sur trois longueurs d'ondes différentes. Manœuvres à exécuter pour faire varier la puissance d'émission ;

d) Utilisation des appareils de mesure et notamment d'un ondemètre étalonné.

2° *Epreuves orales :*

Connaissance de la procédure et des abréviations radiotélégraphiques *d'usage courant.* Questions d'ordre pratique, sur pièces autant que possible, en électricité et en TSF d'après le programme annexé à la présente instruction.

Art. 3. — L'examen pour l'obtention du certificat d'opérateur *radiotéléphoniste* comporte les épreuves suivantes :

1° *Epreuves pratiques :*

a) Enonciation devant le microphone d'une façon claire et distincte de chiffres, lettres, groupes de chiffres et de lettres, lecture d'un texte en langage clair ;

b) Réception d'une communication radiophonique ;

c) Epreuve identique à celle prévue au même paragraphe de l'article 2.

2° *Epreuves orales :*

Connaissance de la procédure radiotéléphonique d'usage courant et questions d'ordre pratique, sur pièces autant que possible, en électricité et en TSF d'après le programme annexé au présent arrêté.

Art. 4. — Chacun des deux examens donne lieu au versement préalable d'un droit d'examen fixé à 5 piastres ; toutefois lorsqu'un candidat demande à subir, en même temps, les épreuves des deux examens, il ne verse que 5 piastres.

Le déboursement est effectué dans un bureau des P. T. T. contre délivrance d'un récépissé que le candidat remet au Président de la Commission chargée de lui faire subir les épreuves.

Art. 5. — Les titulaires d'un certificat d'aptitude professionnelle à l'emploi de radiotélégraphiste de bord de la Marine marchande (première et deuxième classes) et les opérateurs brevetés de la Guerre, de la Marine et de l'Aéronautique, qui désiront obtenir le certificat d'opérateur radiotélégraphiste prévu dans la présente instruction, seront dispensés des épreuves spécifiées à l'article 2.

Ce dernier certificat leur sera délivré après payement du droit d'examen, dans les conditions fixées par l'article précédent sur la production de leur titre. Celui-ci sera décrit d'une façon détaillée à la partie inférieure du certificat sollicité.

Art. 6. — Seront dispensés de subir les épreuves *orales* prévues aux articles 2 et 3 et autres que celles relatives à la procédure radiotélégraphique ou radiotéléphonique selon les cas sur la production de leur titre :

Les anciens élèves diplômés des Ecoles ci-après : Polytechnique, Normale supérieure (section des sciences), Navale, Centrale, Mines, Ponts et Chaussées, Génie rural et Génie maritime, Ecole supérieure des P. T. T., Institut agronome, Arts et Métiers, Ecole supérieure d'Electricité, Instituts électrotechniques rattachés aux Facultés, Ecole de Physique et de Chimie, les Agrégés de l'Université, les docteurs et licenciés ès-sciences et les titulaires de tous autres titres équivalents d'Enseignement supérieur (scientifique ou technique).

Les diplômes produits seront décrits sur le certificat d'opérateur, en regard de l'indication des épreuves dont les candidats sont dispensés.

Art. 7. — Les certificats d'opérateurs radiotélégraphistes ou radiotéléphonistes des postes d'émission sont établis sur une formule conforme au modèle de la pièce n° 3 de la présente instruction.

Fait à Hanoi, le 28 février 1929.

Le Gouverneur général de l'Indochine,

P. PASQUIER.

ANNEXE N° 5 PIÈCE N° II

PROGRAMME DES EXAMENS ORAUX POUR L'OBTENTION DES CERTIFICATS D'OPÉRATEURS

Electricité.

Les sources et récepteur d'électricité de courant continu. — Accumulateurs — principe, charges et décharges, montage et entretien — Piles électriques — caractéristiques des modèles ordinaires. — Dynamos — Principe, divers modes d'excitation.

Moteurs à courant continu — Divers modes d'excitation, rhéostat de démarrage et rhéostat d'excitation.

Les sources de courant alternatif. — Alternateurs — Principe — Transformateurs — Principe, rapport de transformation.

Instruments de mesure — Organes de protection. — Voltmètre et ampèremètres électromagnétiques — Voltmètres et ampèremètres thermiques — Wattmètres — Fusibles et limiteurs tension.

Dispositions à adopter en cas d'accident par contact avec la Haute tension.

T. S. F.

1° *Organes principaux des postes de TSF.*

Condensateurs — Principe — Groupement des condensateurs Selfs — Constitution — Induction mutuelle entre deux selfs — Groupement en série avec ou sans induction mutuelle — Groupement en parallèle avec ou sans induction mutuelle.

2° *Le circuit oscillant.*

Oscillations libres d'un circuit — Longueur d'onde propre, facteurs qui influent sur la longueur d'onde propre d'un circuit — Circuits couplés — Procédés permettant de diminuer l'importance des harmoniques.

3° *Antennes et cadres.*

Constitution d'une antenne — caractéristiques d'une antenne : longueur d'onde propre, capacité ; l'antenne organe de rayonnement — précautions à prendre dans la constitution d'une antenne d'émission — isolement de l'antenne — circuits équivalents — antennes fictives — antenne de réception — cadres.

4° *La lampe à trois électrodes.*

Théorie élémentaire de la lampe à trois électrodes — caractéristiques d'une lampe, lampe utilisée comme génératrice d'oscillations entretenues — divers montages courants.

Description des divers organes d'un poste émetteur à lampes. Alimentation des circuits de plaque à travers un redresseur à lampes diodes suivies d'un filtre ; alimentation directe en alternatif ; divers procédés de manipulation — pureté de la filtration.

5° — *Radiotéléphonie.*

Procédé de modulation d'un poste émetteur à lampes.

6° *Principe de la réception de la téléphonie sans fil.*

Organes capteurs d'énergie : cadre ou antenne — accord du poste récepteur sur la longueur d'onde du poste émetteur — organes d'accord, montage d'une antenne de réception avec les organes d'accord. Principe de la détection au moyen d'un cristal. Divers montages des postes à galène ; leur réglage.

7° *La lampe utilisée à la réception.*

Principe de la lampe amplificatrice en haute et basse fréquence ; divers montages courants ; couplage entre lampes par transformateurs accordés ou non ; couplage par résistance. La lampe détectrice : divers montages.

8° *La réception.*

Réception des ondes entretenues au moyen d'une hétérodyne : dispositif à réaction ; utilisation de la réaction en vue de la réception de la téléphonie sans fil.

Principe du superhétérodyne.

9° *Principe de la radiogoniométrie.*

10° *Mesures.*

Le contrôleur d'onde ; réglage de longueur d'onde d'un poste d'émission sur une longueur d'onde donnée ; vérification de la longueur d'onde d'une source donnée.

PROCEDURE RADIOTELEGRAPHIQUE

I. — *Appel d'une station.*

La station appelante effectue l'appel en transmettant trois fois l'indicatif d'appel de la station appelée, le mot « de » et trois fois son propre indicatif :

Par exemple : 8 AB 8 AB 8 AB de 8 CD 8 CD 8 CD.

La station appelante peut faire suivre son indicatif d'appel d'un signal convenu avec la station correspondante et caractérisant la nature des essais qui vont être entrepris (puissance mise en jeu, longueur d'onde employée, etc.).

En cas de non réponse de la station appelée, l'appel peut être répété trois fois à intervalles de deux minutes.

Après cette série d'appels, l'appel ne peut être repris dans les conditions ci-dessus qu'après un intervalle de quinze minutes et ainsi de suite.

II. — *Réponse de la station appelée.*

La station appelée répond en transmettant trois l'indicatif de la station appelante, le mot « de », son propre indicatif et si elle est prête à recevoir, le signal « k » (invitation à transmettre).

Par exemple : A AB 8 AB 8 AB de 8CD K.

III. — *Précautions à prendre pour éviter les brouillages.*

Avant de procéder ou de répondre à un appel, les stations doivent s'assurer qu'elles ne gêneront pas les stations en fonctionnement dans leur rayon d'action. S'il y a possibilité de brouillage, elles s'abstiennent de transmettre pendant la durée des communications en cours.

Les transmissions doivent également cesser à la première demande faite par une station ouverte au service de la correspondance publique générale ou dès la réception d'appels de détresse.

Pour réduire les risques d'interférences, les stations émettrices doivent interrompre leurs émissions après chaque période de minutes et pour une durée qui ne peut être inférieure à 5 minutes.

Si une station recevant un appel n'est pas certaine que cet appel lui est adressé, elle ne doit pas répondre avant que l'appel n'ait été répété.

Si une station est certaine qu'un appel lui est adressé, mais a des doutes sur l'indicatif d'appel de la station appelante, elle doit répondre en attribuant à la station inconnue le signal °° - - °°

IV. — *Fin des transmissions.*

La fin d'une communication entre deux stations est indiquée par chacune d'elles au moyen du signal « fin de transmission »... — suivi de son propre indicatif.

PROCEDURE RADIOTELEPHONIQUE

1° Avant tout appel, s'assurer que d'autres communications ne sont pas en cours pour éviter toute gêne ;

2° Se servir uniquement de l'indicatif qui a été attribué par l'Administration, sans emprunter l'indicatif d'un autre poste, ne pas utiliser un indicatif de convention ;

3° L'appel se fait de la façon suivante :

« Allo 8CA, ici 8DB » (répété en principe deux fois et au plus quatre fois).

Le poste appelé répond :

« Ici 8CA, j'écoute 8DB ».

4° La fin de communication est donnée par chacun des correspondants successivement :

× « 8CA terminé »

« 8DB terminé ».

INDOCHINE FRANÇAISE **ANNEXE N° 5** PIÈCE N° III

Certificat d'opérateur radiotélé .... délivré en exécution de l'article 10 de l'arrêté du 28 février 1929 et de l'instruction jointe à cet arrêté
à M. (1) ....
adresse ....
pour la manœuvre d'un poste radioémetteur de la .. catégorie.

Délivré à ....

Signature de l'intéressé, Le Président de la Commission d'examen

---

(1) Nom, prénoms, profession.

Timbre de dimension

INDOCHINE FRANÇAISE

CERTIFICAT d'opérateur radiotélé......................
délivré en exécution de l'article 10 de l'arrêté du 28 février 1929 et de l'instruction jointe à cet arrêté pour la manœuvre d'un *poste radioémetteur* de la ...... catégorie.

Monsieur ....
a subi avec succès les épreuves prévues par l'article (2) +
(3) +
de l'instruction jointe à l'arrêté du 28 février 1929 concernant

+ 1° — l'aptitude à la transmission et à la réception auditive de signaux Morse.

+ 1° — l'aptitude à la transmission et à la réception radiophonique.

2° — l'aptitude à la manœuvre et au réglage de l'appareil radiotélé..........

3° — la connaissance des éléments essentiels d'électricité et de TSF, des abréviations et de la procédure radiotélégraphique et de la procédure radiotéléphonique (+) d'usage courant.

En foi de quoi, il lui a été délivré le présent certificat.

Délivré à .... le ....

Signature de l'intéressé, Le ....

(+) à biffer l'une ou l'autre de ces indications suivant qu'il s'agit d'un certificat d'opérateur radiotélégraphiste ou d'opérateur radiotéléphoniste.

INDOCHINE FRANÇAISE

Arrêté du 28 février 1929.
ANNEXE N° 6

INSTRUCTION

FIXANT LES CONDITIONS TECHNIQUES D'EXPLOITATION DES POSTES RADIOÉLECTRIQUES PRIVÉS D'ÉMISSION

Les conditions techniques d'exploitation des postes radioélectriques privés d'émission des cinq catégories visées à l'article 8 du présent arrêté seront fixées dans chaque cas particulier, en tenant compte des règles générales suivantes :

PRIMO. — *Puissance et longueur d'onde.*

a) *Postes de la 1re catégorie.*

Puissance : Proportionnée à la distance à franchir et limitée à 400 watts-alimentation.

Longueur d'onde : Comprise entre 150 et 200 mètres en télégraphie et téléphonie.

Dans le cas exceptionnel où les postes de cette catégorie sont autorisés pour établir des communications à l'intérieur des agglomérations, la puissance est limitée à 100 watts-alimentation et la longueur d'onde est comprise entre 125 et 150 mètres.

b) *Postes de la 2e catégorie.*

Puissance : Proportionnée à la distance à franchir et limitée à 400 watts-alimentation.

Longueur d'onde : Comprise entre 150 et 180 mètres.

Toutefois, pour les postes qui doivent assurer des communications d'un caractère international, les longueurs d'onde sont fixées conformément aux règlements internationaux (Règlement de Washington).

c) *Postes de la 4e catégorie.*

Puissance et longueur d'onde : Déterminées dans chaque cas suivant le but recherché.

d)*Postes de la 5e catégorie.*

Puissance : Limitée à 100 watts-alimentation.

Longueur d'onde : Comprise entre 150 et 175 mètres.

Les postes des quatre catégories susvisées peuvent utiliser des longueurs d'ondes courtes qui leur sont attribuées dans les conditions définies par le tableau de répartition des longueurs d'ondes figurant au paragraphe 7 de l'article 5 du règlement annexé à la convention de Washington.

Il y a lieu de remarquer que les bandes d'ondes courtes attribuées aux amateurs sont les suivantes :

75 à 85^{m} ; 41 à 42^{m}8 ; 20^{m}8 à 21^{m}4 ; 10 à 10^{m}7 ; 5 à 5^{m}35.

Sous réserve des limites susindiquées, les caractéristiques techniques des postes émetteurs privés radioélectriques sont déterminées, après examen des justifications fournies par le pétitionnaire quant au but poursuivi et en tenant compte des règlements internationaux, par la Commission de Radioélectricité.

Ces caractéristiques techniques peuvent d'ailleurs être soumises aux modifications et restrictions nécessitées par les besoins des services publics ainsi qu'aux modifications que l'application des Conventions internationales imposerait.

SECUNDO — *Type d'onde.*

Les postes de 1re, 2e, 3e et 5e catégorie doivent employer *des ondes pures qui*, en l'absence de modulation, ne peuvent être entendues que par un battement.

Toutefois dans les postes de la 2e catégorie tous les types d'ondes prévues par la Convention internationale de Washington sont susceptibles d'être autorisées pour les services pouvant présenter éventuellement un caractère international.

Les brouillages causés par les émissions radioélectriques, en particulier par les émissions sur ondes courtes, peuvent s'étendre fort loin. Aussi, convient-il de prendre toutes les dispositions utiles pour les éviter.

Pour les *postes de la 4e catégorie*, l'autorisation déterminera, dans chaque cas, après avis de la Commission de Radioélectricité le type d'onde à utiliser.

Sont interdites, sauf autorisation spéciale :

a) toutes émissions modulées par la parole, qui ne seraient pas en langage clair, sauf autorisation spéciale du chef de groupe de colonies ou de la colonie, après avis de la Commission ;

b) toutes émissions faites par des procédés spéciaux qui ne permettraient pas, au moyen d'appareils récepteurs d'un modèle agréé par l'Administration des Postes, Télégraphes et Téléphones, la réception et la compréhension des messages ;

c) il devra être obligatoirement adjoint à chaque poste les appareils de mesure permettant de suivre les conditions techniques d'exploitation et notamment un fréquencemètre (ondemètre) ou tout autre dispositif susceptible de mesurer les fréquences (ondes) avec la précision de 1 %.

La stabilité de l'onde devra être maintenue à 1 % près de la longueur d'onde théorique fondamentale.

INDOCHINE FRANÇAISE

Arrêté du 28 février 1929.

Annexe N° 7

MODELE DU REGISTRE

prévu par l'article 25 de l'arrêté du 28 février 1929 pour les commerçants vendant des postes radioélectriques complets ou des pièces détachées pour postes radioélectriques.

1re partie — Postes récepteurs complets.

Page de gauche (Entrées)

Nº d'ordre	Date d'entrée en magasin	Provenance	Indications et description sommaire	Numéro matricule du poste	Observations

Page de droite (Sorties)

Nº d'ordre	Date de la vente	Nom profession domicile et nationalité de l'acheteur	Date et numéro de l'autorisation accordée à l'acheteur d'avoir un poste de T S F	Indications et description sommaire du poste	Numéro matricule du poste	Observations

2ᵉ partie — Pièces détachées pour postes récepteurs.

Page de gauche (Entrées)

Nᵒ d'ordre	Date d'entrée en magasin	Provenance	Indications et description sommaire	Observations

Page de droite (Sorties)

N° d'ordre	Date de la vente	Nom profession domicile et nationalité de l'acheteur	Date et numéro de l'autorisation accordée à l'acheteur d'avoir un poste de T S F	Indications et description sommaire de la pièce vendue	Observations

3e *partie — Postes émetteurs complets.*

Page de gauche (Entrées)

Nº d'ordre	Date d'entrée en magasin	Provenance	Indications et description sommaire	Nº matricule du poste	Observations

Page de droite (Sorties)

Nº d'ordre	Date de la vente	Nom profession domicile et nationalité de l'acheteur	Date et numéro de l'autorisation accordée à l'acheteur d'avoir un poste de TSF	Indications et description sommaire du poste	Nº matricule du poste	Observations

4e partie — *Pièces détachées pour postes émetteurs.*

Page de gauche (Entrées)

No d'ordre	Date d'entrée en magasin	Provenance	Indications et description sommaire	Observations

Page de droite (Sorties)

No d'ordre	Date de la vente	Nom profession domicile et nationalité de l'acheteur	Date et numéro de l'autorisation accordée à l'acheteur d'avoir un poste de T S F	Indications et description sommaire de la pièce vendue	Observations

Hanoi. — Imp. d'Extrême-Orient. — 118.8

www.ingramcontent.com/pod-product-compliance
Ingram Content Group UK Ltd.
Pitfield, Milton Keynes, MK11 3LW, UK
UKHW021037180726
13838UKWH00004B/1864

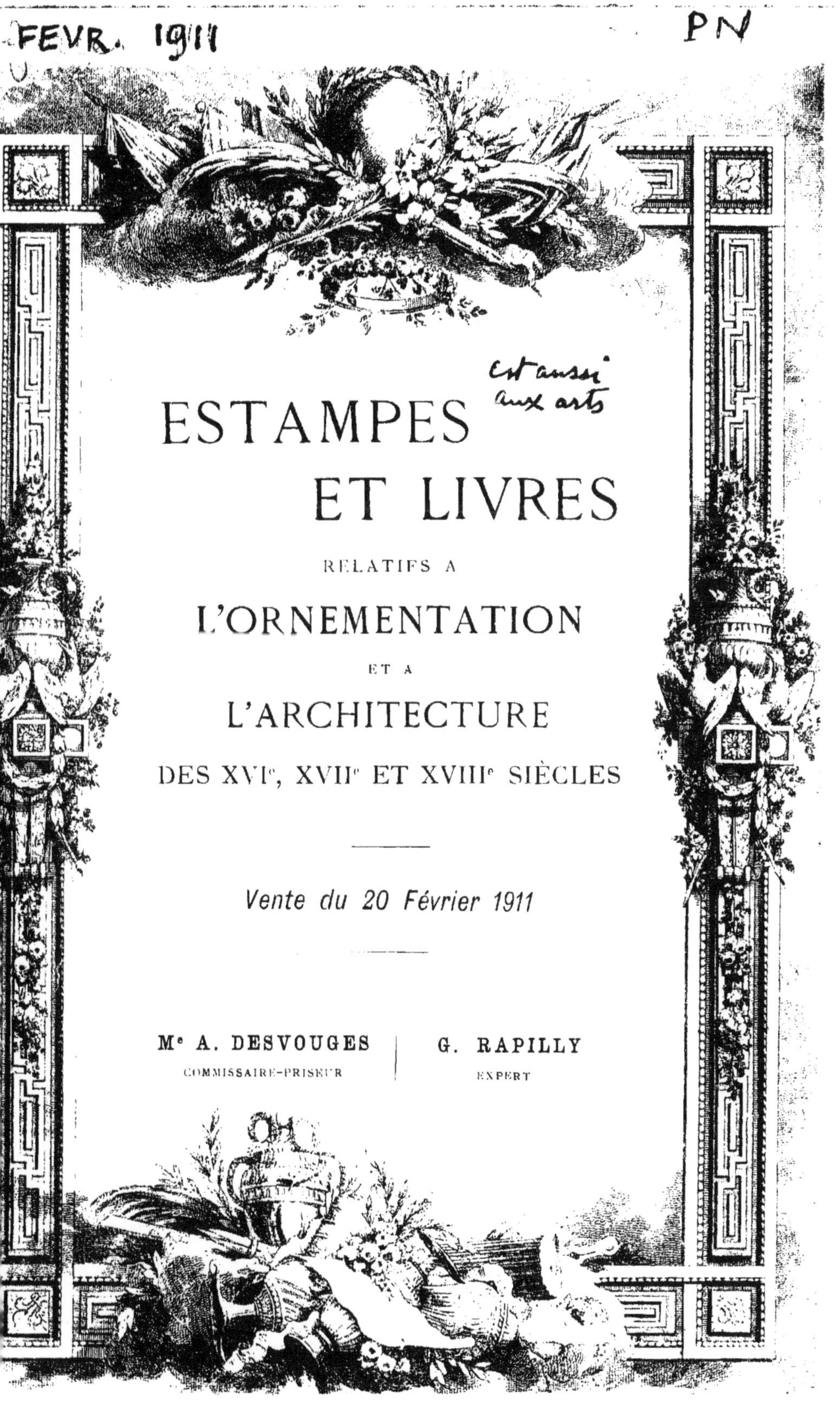

ESTAMPES ET LIVRES

RELATIFS A

L'ORNEMENTATION

ET A

L'ARCHITECTURE

DES XVIe, XVIIe ET XVIIIe SIÈCLES

Vente du 20 Février 1911

Me A. DESVOUGES
COMMISSAIRE-PRISEUR

G. RAPILLY
EXPERT

ESTAMPES ET LIVRES

latifs à l'ornementation et à l'architecture

(20 février 1911.)

Libraire : G. RAPILLY
Commissaire-Priseur : Me André DESVOUGES

Fr.	c.	Nos	Fr.	c.	Nos	Fr.	c.	Nos	Fr.	c.
66	»	31	91	»	61	70	»	91	105	»
27	»	32	580	»	62	100	»	92	75	»
32	»	33	95	»	63	10	»	93	75	»
29	»	34	350	»	64	32	»	94	42	»
16	»	35	610	»	65	16	»	95	25	»
44	»	36	37	»	66	169	»	96	5	»
40	»	37	90	»	67	13	»	97	310	»
42	»	38	52	»	68	490	»	98	105	»
355	»	39	11	»	69	20	»	99	115	»
57	»	40	27	»	70	400	»	100	25	»
60	»	41			71	16	»	101	19	»
85	»	42	52	»	72	30	»	102	12	»
40	»	43	28	»	73	72	»	103	75	»
35	»	44	1 000	»	74			104	75	»
50	»	45	24	»	75	26	»	105	74	»
150	»	46	49	»	76	30	»	106	28	»
26	»	47	40	»	77	11	»	107	40	»
280	»	48	48	»	78	50	»	108	50	»
45	»	49	65	»	79	67	»	109	3	»
90	»	50	80	»	80	180	»	110	250	»
52	»	51	275	»	81	25	»	111	22	»
57	»	52	18	»	82	25	»	112	125	»
30	»	53	60	»	83	110	»	113	45	»
63	»	54	51	»	84	145	»	114	17	»
50	»	55	112	»	85	20	»	115	76	»
140	»	56	270	»	86	10	»	116	32	»
62	»	57	380	»	87	130	»	117	1 980	»
255	»	58	16	»	88	40	»	118	280	»
125	»	59	1 200	»	89	16	»	119	38	»
125	»	60	30	»	90	700	»	120	710	»

*

Nos	Fr. c.	Nos	Fr. c.	Nos	Fr. c.	Nos	Fr
121	13 »	149	80 »	177	43 »	205	6[illegible]
122	35 »	150	20 »	178	3 505 »	206	
123	57 »	151	85 »	179	90 »	207	2[illegible]
124		152	55 »	180	50 »	208	5[illegible]
125	750 »	153	50 »	181	18 »	209	3[illegible]
126	52 »	154	146 »	182	100 »	210	45[illegible]
127	480 »	155	30 »	183	67 »	211	1[illegible]
128	37 »	156	42 »	184	130 »	212	5[illegible]
129	81 »	157	26 »	185	60 »	213	1[illegible]
130	65 »	158	20 »	186	60 »	214	6[illegible]
131	60 »	159		187	32 »	215	5[illegible]
132	20 »	160	1 020 »	188	40 »	216	1[illegible]
133	50 »	161	130 »	189	17 »	217	3[illegible]
134	60 »	162	12 »	190	115 »	218	11[illegible]
135	20 »	163		191	31 »	219	25[illegible]
136		164	15 »	192	10 »	220	12[illegible]
137	35 »	165	27 »	193	420 »	221	305[illegible]
138	33 »	166	80 »	194	32 »	222	60[illegible]
139	32 »	167	60 »	195	150 »	223	14[illegible]
140	85 »	168	69 »	196	9 »	224	90[illegible]
141	65 »	169	87 »	197	20 »	225	85[illegible]
142	250 »	170	60 »	198	90 »	226	67[illegible]
143	40 »	171	40 »	199	45 »	227	58[illegible]
144	35 »	172	170 »	200	72 »	228	50[illegible]
145	60 »	173	34 »	201	85 »	229	35[illegible]
146	100 »	174	13 »	202	105 »	230	L[illegible]
147	70 »	175	92 »	203			
148		176	130 »	204	27 »		

Total de la vente. . . . . **28 348** francs.

ESTAMPES ET LIVRES

RELATIFS A

L'ORNEMENTATION ET A L'ARCHITECTURE

DES XVIe, XVIIe ET XVIIIe SIÈCLES

CONDITIONS DE LA VENTE

Elle sera faite au comptant.

Les acquéreurs paieront 10 p. 100 en sus du prix d'adjudication.

Les livres vendus devront être collationnés sur place dans les vingt-quatre heures de l'adjudication. Passé ce délai, ils ne seront repris pour aucune cause.

M. Rapilly se réserve la faculté, dans l'intérêt de la vente, de réunir ou de diviser les numéros du catalogue. Il remplira les commissions qu'on voudra bien lui confier.

MM. les Amateurs pourront visiter la collection, 9, quai Malaquais, du lundi 13 au samedi 18 février de 2 h. à 5 heures.

CATALOGUE
D'ESTAMPES ET LIVRES

RELATIFS

A L'ORNEMENTATION

ET

A L'ARCHITECTURE

DES XVIe, XVIIe ET XVIIIe SIÈCLES

**Œuvres de Boucher, Briseux, Cauvet
Delafosse, Demarteau, Du Cerceau, Forty, Germain, La Londe
Le Pautre, Oppenort
Meissonnier, Roubo, Salembier, Watteau**

DONT LA VENTE AURA LIEU

Le Lundi 20 Février 1911, à deux heures précises

HOTEL DES COMMISSAIRES-PRISEURS, 9, RUE DROUOT

SALLE N° 7

Par le ministère de **Me André DESVOUGES**, commissaire-priseur
Successeur de Me Maurice DELESTRE
26, RUE DE LA GRANGE-BATELIÈRE, 26

Assisté de M. Georges RAPILLY
Marchand d'Estampes de la Bibliothèque Nationale
9, QUAI MALAQUAIS, 9

CATALOGUE

D'ESTAMPES ET LIVRES

RELATIFS A

L'ORNEMENTATION ET A L'ARCHITECTURE

---

1. **Adam** (L. S.). Collection de Sculptures antiques, grecques et romaines trouvées à Rome dans les ruines des Palais de Néron et de Marius. Les originaux de cette collection en marbre de Paros et Salin sont chez le Sr Adam l'aîné, sculpteur ordinaire du Roy. *Paris*, *Joullain*, 1755, in-4°, veau marbré, dos orné, tr. rouge.

   Recueil entièrement gravé composé de 3 ff. préliminaires pour le frontispice, le titre, la table et une notice ornée d'une vignette et 61 planches gravées sur cuivre d'après les dessins de L. S. Adam.

2. **Aldegrever** (Henri). 3 différents dessins d'agrafes sur une même planche 1536 (B. 258). — Rinceau d'ornement. — Dessins de grotesques, 3 pièces. — L'Adoration des bergers. — Danseur de noces. — Les Évangélistes, 3 pièces. Ensemble 10 pièces par ou d'après Aldegrever.

3. **Architecture**. Réunion de traités d'architecture des xviie et xviiie siècles, 8 vol. in-8°, in-4° et in-fol. reliés.

   Abr. Bosse. Traité des manières de dessiner les ordres de l'architecture antique, Paris (vers 1650).
   Barbet. Livre d'architecture, d'autels et de cheminées, 1633, 19 pl.
   Palladio. Les quatre livres de l'architecture, 1650, fig. sur bois.

Rol. Fréart de Chambray. Parallèle de l'arch. antique et de la moderne, 1650.
Scamozzi. Œuvres d'architecture traduites en français, 1736.
Vignole. Règles des cinq ordres... par C. M. Delagardette, 1786.
Vignole. Règles des cinq ordres, avec vignettes de Babel, 1762.
Vignole. Nouveau livre, 1760.

4. **Architecture et décoration** du XVIIIe siècle, fontaines, paysages, cartouches, vues de monuments, tombeaux, 100 pièces par Duval, Radel, Dumont, M.-A. Challe, Bellicart, Pérignon, Raux, Legeay, Panseron, Le Canu, Hélin, Taraval, Moreau, etc.

5. **Aubert Parent.** 4e cahier de Vases. *A Paris, chez Mondhare*, in-fol. en ff.

5 pièces d'une suite de 6. Le n° 3 manque.
On y a joint 1 pièce (n° 1) d'un cahier de différents ornements pour la décoration des pendules et 1 pièce d'un cahier d'arabesques; ensemble 7 pièces.

6. **Babel** (P. E.). Cartouches, fontaines décorées, vignettes, etc. 40 pièces dessinées et gravées par Babel, petit in-fol. et in-4° en ff.

7. **Bachelier.** Collection de Culs-de-lampe et Fleurons inventés et dessinés par Mr Bachelier, peintre du Roy, et gravés par Choffart. *A Paris, chez la Vve Chéreau*, in-4° en ff.

Suite de 6 pièces avec marges.

8. — Vases, trophées, ornements, 28 pièces in-4°, publiées dans la série des Modèles de l'École gratuite de dessin.

Pièces rares tirées pour la plupart en sanguine.

9. **Balechou.** Livre de différents dessins d'Ornement... utile à ceux qui commencent à s'appliquer au dessin... inventé par M. Lainé, architecte et sculpteur du Roy, gravé à Paris par J. J. Balechou, 1740. *Se vend à Aix-en-Provence, chez Vial, peintre.* Petit in-fol. en ff. (*Rare.*)

Titre et 27 pièces d'ornement représentant des tables, des moulures de cadres, des portes, cheminées, pendules, buffets, cadres, modèles d'orfèvrerie religieuse, etc. On y a joint un portrait de Balechou gravé par Varin.

10. **Bartolozzi, Cipriani et Angelica Kauffmann.** Sujets gracieux, sujets religieux, principes de dessin, cartouches. 30 pièces de divers formats, plusieurs imprimées en sanguine.

11. **Bellay.** Livre de Panneaux et Fantaisies propres à ceux qui aiment les ornements inventés par Bellay et gravés par Huquier. *A Paris, chez Huquier*, in-4°, en ff.

Titre de second livre et 23 motifs sur 15 ff. — On y a joint 2 pièces de la série des écrans.

12. **Bérain** (Jean). Panneaux arabesques, montants, meubles, cheminées, torchères, pendules, grilles, décorations de carrosses. 60 planches gravées par Dolivar, Lepautre, Daigremont, Scotin, etc.

13. — Panneaux-arabesques, 16 pièces gravées par Dolivar, Daigremont et Le Pautre. In-fol. en ff.

Belles épreuves avec marges.

14. **Bibiena** (G. G.). Architettura e prospettive *Parisiis apud Basan*, gr. in-fol., demi-vélin.

45 planches de riches décorations et de perspectives de monuments provenant de différentes suites.

15. **Blondel.** (Jacques-François). Dessins de Cheminées et lambris de menuiserie pour la décoration des appartements. *A Paris, chez Mariette*, suite de 6 pièces. — Décorations d'un cabinet et d'une chambre à coucher. *A Paris, chez Mariette*, suite de 7 p. — Plans et élévations de maisons, hôtels et monuments de Paris, 15 p. extraites du *Grand Blondel*. Ensemble 28 pièces in-fol.

16. — Livre nouveau, ou Règles des cinq ordres d'Architecture, par J. Barozzio de Vignole, nouvellement revu, corrigé et augmenté par M. B*** (Blondel), architecte du Roy, le tout enrichi de cartels, culs-de-lampe, figures et vignettes, d'après MM. Blondel, Cochin et Babel. *A Paris, chez Charpentier*, 1757, in-fol., veau ant., dos orné, tr. rouge.

190 planches gravées sur cuivre : décoration intérieure, serrurerie, etc. Raccommodages à plusieurs planches. Traces de mouillures et taches.

17. **Blondel** (J. Fr.). Livre nouveau ou règles des cinq ordres d'architecture. 1757, petit in-f° cartonné.

70 planches, au lieu de 109; plusieurs sont détachées de la reliure.

18. — Cours d'architecture ou traité de la décoration, distribution et construction des Bâtiments, contenant les leçons données en 1750 et années suivantes, par J.-Fr. Blondel (et par M. Patte). *Paris, Desaint*, 1771-1777, 6 vol. in-8° de texte et 3 vol. in-8° de planches, rel. veau marbré, tr. rouge. (*Rel. anc.*)

Cet ouvrage, connu sous le nom de *Petit Blondel*, a été terminé par Patte; il est fort estimé pour les beaux motifs de décoration et d'ornement que contiennent ses 376 planches gravées.
Exemplaire incomplet de la planche 111 du tome VI.

19. **Blondel** (Marie-Michelle). Profils et ornements de vases exécutés dans les jardins de Versailles, Trianon et Marly. In-4°.

4 pièces gravées au trait, dont une à toutes marges.

20. **Boffrand**. Décoration intérieure de l'Hôtel de Soubise, 10 pièces extraites de l'œuvre de Boffrand.

On y a joint une pièce : trumeau de glace avec table de marbre faisant partie de la décoration de l'hôtel de Soubise. 1 pièce à toutes marges, publiée par Mariette.

21. **Bouchardon** (Edme). 1er (— 2e) livre de Vases inventé par Edme Bouchardon. *A Paris, chez Huquier*, in-f° en ff.

20 pièces d'une suite de 24.
On y a joint deux grands vases inventés par Bouchardon, dont un à grandes marges. Ensemble 22 pièces.

22. — Modèles de Dessin, Académies, modèles d'anatomie, Sculptures décoratives, animaux, costumes, etc. 66 planches in-f°, dont plusieurs sont imprimées en sanguine.

23. **Boucher** (François). La Cornemuse, le Pêcheur, l'Oiseleur. 3 pièces in-f°, gravées par Huquier et Chédel.

Belles épreuves, les deux premières avec marges.

24. **Boucher** (Fr.). L'Air, l'Eau, la Terre. 3 pièces in-f°, gravées par J. Daullé.

Très belles épreuves avec marges.

25. — Grands Cartouches. *A Paris, chez Huquier*, 3 pièces. — Panneau décoratif orné d'un sujet champêtre, gravé par Cochin fils; ensemble 4 pièces in-f°, en haut.

Belles épreuves.

26. — Groupes d'Enfants. 4 pièces à la manière du crayon, gravées par Demarteau l'aîné. In-f° en ff.

Belles épreuves tirées à la sanguine.

27. — Second livre de groupes d'Enfants, par F. Boucher, peintre du Roy. *A Paris, chez Chéreau.* Suite complète de 6 pièces gravées par Huquier.

Belles épreuves avec marges.
On y a joint : 8 pièces de la même série, dont le titre du Premier livre, et le *Livre des Arts*, par Boucher, 5 pièces. Copies par Hertel. Ensemble 19 pièces.

28. — Sujets gracieux et champêtres, sujets religieux, têtes de femmes, etc. 18 pièces gravées à la manière du crayon par Demarteau, Bonnet et Dazincourt.

Épreuves imprimées en sanguine.

29. — Recueil de Fontaines inventées par F. Boucher, peintre du Roy. *A Paris, chez Huquier.* 10 pièces gravées par Aveline (d'une suite de 14). Petit in-f° en ff.

On y a joint une pièce double imprimée en sanguine, et deux copies publiées chez Hertel.

30. — Sujets gracieux, paysages, vases, allégories, frontispices, sujets chinois, etc. 40 pièces gravées par Huquier, Aveline, Demarteau, Bonnet, François, etc.

31. **Boucher** fils. Cheminées à la moderne (21e cahier de l'Œuvre, nos 121 à 126). In-fol. en ff.

Suite complète de 6 pièces à toutes marges.
On y a joint 21 pièces de la même série : lits, tables, portes, niches, serrurerie, etc. Ensemble 27 pièces.

*

32. **Boucher** fils. Deuxième Recueil de Décoration intérieure et extérieure, par Jules-François Boucher, fils. *Paris, Chéreau*, 1774. Petit in-fol., demi-rel. veau fauve, dos orné, tête dor.

Cette seconde série de l'Œuvre de *Boucher fils* comprend quinze cahiers de 4 pièces chacun désignés par les lettres A à P : *A. Décoration de Lambris pour chambres à cheminées. — B. Élévation d'Alcôves. — C. Panneaux de lambris. — D. Élévation d'une croisée entre deux lambris, etc. — E. Plans et élévations d'une Croisée entre deux panneaux de lambris, etc. — F. Élévations de Buffets. — G. Élévations et développement d'Armoires et de Commodes. — H. Plan et élévations de Bibliothèques. — I. Élévation et profils de portes cochères. — K. Plan et élévation d'une Salle de compagnie*, etc. — *L. Salles à manger et vestibules. — M. Salons. — N. Chambres à coucher, Cabinets de toilette et Boudoirs. — O. Galeries et Salons. — P. Cabinets de curiosité, Bibliothèques et Médailliers.*

Ensemble 60 pièces gravées par *Berthault, De la Gardette, Coupeaux, Richard* et *Duval*.

Quelques pl. ont été remargées ou restaurées.

33. — 1er (— 8e) Cahier d'arabesques, composé et gravé par F. Boucher. *A Paris, chez Chéreau fils*, in-4° et in-fol., en ff.

42 pièces d'une suite de 48 (les cahiers 1 à 5 sont complets).

On y a joint :

Nouveau livre de Vases, 8 pièces.

Livre de tombeaux, 8 pièces.

Ruines romaines, 8 pièces, dont 5 tirées en sanguine.

Ensemble 66 pièces.

34. **Briseux** (E.-C.). L'Art de bâtir des maisons de campagne, où l'on traite de leur distribution, de leur construction et de leur décoration... Avec l'explication de ces projets, et des dessins de menuiserie, de serrurerie, de parterres, et d'autres ornements propres à la décoration intérieure et extérieure. Tous ces projets et dessins gravés en taille-douce. *A Paris, chez Prault père*, 1743, 2 vol. in-4°, veau marbré, dos orné, tr. rouge. (*Rel. anc.*)

Bel exemplaire de cet ouvrage rare, contenant 260 pl. gravées sur cuivre.

35. — Traité du beau essentiel dans les arts appliqué particulièrement à l'architecture..., par C.-E. Briseux. *A Paris, chez l'auteur*, 1752, 2 vol. gr. in-4°, rel. veau, fil., dos ornés, non rognés.

Ouvrage entièrement gravé sur cuivre. Le texte est orné de charmants culs-de-lampe et têtes de pages gravés par Huet, Marvye et Choffard. Le 2e volume, qui contient 98 pl. est terminé par 23 très belles pièces de décoration intérieure, moulures et serrurerie, du plus pur style Louis XV.

Très bel exemplaire non rogné, sauf le portrait de Briseux et la dernière planche du tome Ier qui sont remargés.

36. **Bruchon** (N.). Cahier de 6 cheminées nouvelles. *A Paris, chez Chéreau*, in-fol.

Suite complète de 6 pièces gravées par Le Meunié.

On y a joint 3 pièces d'un cahier de bouquet de fleurs dessinées d'aprè snature, par N. Bruchon et gravées par J.-B. Lucien, imprimées en sanguin. Ensemble 9 p.

37. **Caillouët**. 1er — (12e) cahier de principes d'ornements dessinés par Caillouët et gravés par Lucien. *A Paris, chez Chéreau, Joubert et Basset*, in-fol. en ff.

67 pièces d'une suite de 72 planches divisée en 12 cahiers.

On y a joint 17 pièces doubles. Ensemble 84 pièces gravées à la manière du crayon et imprimée en sanguine ou en noir.

38. — Cahiers de Serrurerie. *A Paris, chez Chéreau*, in-fol. en ff.

7 pièces : balcons, grilles d'églises, appuis de communion, rampes, gravées par Foin et de Saint-Morien.

39. **Callot** (Jacques). Le Nouveau Testament (Meaume 37-47). Suite complète de 11 petites pièces en largeur.

Belles épreuves avant la lettre.

40. — Combat de Veillane, près de Turin, 1630 (Meaume 509). — Bordures des sièges de La Rochelle et de l'Ile de Ré, 8 pièces dépareillées ; ensemble 9 pièces in-fol.

41. — Sujets religieux et historiques, costumes, vues, paysages, etc. 40 pièces par ou d'après Callot.

42. **Carle**. Cahier de Vases et Fleurs dessinés par Carle et gravés par Duruisseau. *A Paris, chez Mondhare et Jean*, in-fol. en ff.

Suite de 4 pièces imprimées en sanguine et à toutes marges.

On y a joint 9 pièces, dont 3 en couleurs, gravées par Bonnet, Roubillac et Duruisseau. Ensemble 13 pièces.

43. **Cartouches et Trophées,** par ou d'après Charpentier, Peyrotte, Watteau, Demarteau, etc. 30 pièces.

44. Cauvet (G.-P.). Recueil d'ornements à l'usage des jeunes artistes qui se destinent à la décoration des bâtiments. Dédié à Monsieur, par G.-P. Cauvet, sculpteur de S. A. R. *A Paris, chez l'Auteur*, 1777, in-fol., cart.

Titre gravé, frontis. avec portrait du comte de Provence, dédicace et 78 planches d'ornements gravés par Miger, Martini, Petit, Lottier, Le Roy, renfermant 134 motifs sur 113 cuivres.

45. Charmeton (Georges). Livre d'Ornement inventé par Charmeton et gravé par Du Cerceau. Petit in-fol. en ff.

Suite complète de 6 pièces.
On y a joint 10 pièces du même artiste : vases, mascarons, montants d'ornement. Ensemble 16 pièces.

46. Choffard (P.-P.). Grands motifs d'ornement rocaille et fleurs gravés par L. Bonnet. In-fol. en ff.

2 pièces gravées à la manière du crayon et imprimées en sanguine.
On y a joint 18 pièces par Choffard : frontispices, vignettes, cartouches, culs-de-lampe, etc.

47. Clermont. Différentes pensées d'ornement inventées et dessinées par Clermont, professeur et directeur de l'Académie de Reims. *A Paris, chez Daumont*, in-fol. en ff.

5 pièces (nos 1 à 5) gravées par Courteille à la manière du crayon et imprimées en sanguine.

48. Cochin (C.-N.). Histoire de l'Hôtel royal des Invalides..., par Me Jean-Joseph Granet. Enrichie d'estampes représentant les plans, coupes et élévations géométrales de ce grand édifice..., dessinées et gravées par Cochin, graveur du Roy. *A Paris, chez Guillaume Desprez*, 1736, in-fol. veau granit, dos orné, tr. rouge.

103 planches gravées par Cochin.

49. Collot (Pierre). Pièces d'Architecture où sont comprises plusieurs sortes de cheminées, portes, tabernacles et autres parties avec tous leurs ornements et appartenances nouvellement inventées par Pierre Collot, architecte. *A Paris, chez Mich. van Lochom*, 1633, in-4°, demi-percal. grise avec coins genre Bradel, monté sur onglets.

Suite de 10 pièces (sur 12), précédée d'une autre suite complète de 12 pièces représentant des cheminées et des croisées ornées. Ensemble 22 pièces gravées sur cuivre.

50. **Compilateur artistique** (Le). Nouvelle publication de dessins d'après Boucher, Huet, Salembier, etc. Par G. Aubeut, 94 planches reliées en un vol. petit in-fol., demi-percal.

51. **Cornille** (F.). Œuvres. *A Paris, chez François Chéreau*, s. d., in-fol., demi-rel. veau.

46 planches d'une suite de 50 pièces gravées par Monchalet, divisées en 12 cahiers donnant des modèles de menuiserie comme retables d'autels, portes cochères, confessionnaux, alcôves, armoires, buffets, bancs-d'œuvre, chaires à prêcher, lambris, bibliothèques, boutiques, etc.

Quelques planches sont détachées de la reliure.

52. **Cotelle** (Jean). Nouveau livre de Chenets et autres ouvrages d'Orfèvrerie, inventés et gravés par J. Cotelle. *Se vend à Paris, chez de Poilly*, in-4°, en ff.

Suite complète de 6 pièces, rare.

On y a joint une vignette allégorique gravée par Chastillon, d'après Cotelle.

53. — Livre de divers ornements pour plafonds, cintres surbaissez, galleries et autres de l'invention de Jean Cotelle. peintre ordinaire du Roy. *A Paris, chez l'auteur*, s. d., in-4° oblong, rel. vélin.

Titre, dédicace, portrait de la princesse de Guéménée et 19 pièces (numérotées 3 à 21), représentant des plafonds richement décorés.

54. **Croquis d'ornement et de décoration**, pour une maison de tapisserie. Album de plus de 1 200 petits dessins à la plume, montés en un album in-fol., cart.

Croquis pour décoration de rideaux, embrasses, lambrequins, écrans, tapis de table, sièges, fonds de lits, paravents, portières, dessus de portes, stores, etc., etc.

55. **Cuvilliès** (François de). Cartouches, décorations intérieures, plafonds, cheminées, lambris, meubles, montants d'ornement, serrurerie, etc. In-fol. en ff.

40 planches gravées pour la plupart par C.-A. de Lespilliez, dont 2 cahiers de chacun 6 pièces : *Livre de cartouches réguliers* et *Livre de plafonds irréguliers*.

56. **Delafosse** (J.-Ch.). Nouvelle Iconologie ou attributs hiéroglyphiques... *A Paris, chez l'auteur,* 1768, in-fol., demi-reliure veau, tr. rouge.

Édition originale comprenant le titre et 110 planches (numérotées 1 à 108, plus les nos 15 B et 90 B), divisées en 10 cahiers précédés chacun d'un texte explicatif gravé.

Exemplaire à grandes marges; quelques mouillures.

57. — Recueil de 26 cahiers de décorations, sculptures, orfèvreries et ornements divers qui complètent l'œuvre de J.-Ch. Delafosse et font suite à son Iconologie. In-fol. en ff. dans un carton.

114 pièces d'une suite de 149 planches des cahiers T à Z et AA à UU, formant le 2e vol. de l'œuvre de Delafosse.

13 de ces cahiers sont complets. Marges inégales.

58. — Tombeaux antiques (cahier U); suite complète de 6 pièces gravées par Littret.

Épreuves à toutes marges.

59. — Recueil de Meubles de différents genres inventés par J.-C. Delafosse. *A Paris, chez Daumont,* in-fol., en ff. dans un carton.

Interessant recueil de 94 pièces d'une suite de 128 planches, d'après Delafosse, Martinet, Poulleau, Lecanu, Duval et de Puisieux, comprenant 32 cahiers (marqués A à Z et AA à HH).

Toutes les pièces du 3e recueil de Delafosse sont fort rares; plusieurs cahiers sont inconnus à Guilmard; elles donnent de beaux modèles de meubles : fauteuils, lits, bergères, sophas, canapés, poêles, lutrins, chaires, cheminées, horloges, etc.

21 cahiers sont complets; plusieurs sont à grandes marges.

60. — Les Cinq Ordres d'architecture dessinés par J.-Ch. Delafosse, architecte et professeur de dessin et gravés à l'imitation du lavis, par J.-B. Lucien et L.-F. Duruisseau, par les soins de J.-F. Chéreau. Gr. in-fol. en ff.

9 pièces d'une suite de 20.

On y a joint 6 pièces d'après Delafosse : chapelle sépulcrale, fontaine, ruines d'un temple, etc. Ensemble 15 pièces.

61. — Meubles, cartouches, trophées, frises, tombeaux, décorations d'appartements, plafonds, etc. 50 pièces, doubles des séries ci-dessus.

62. **Della Bella** (Stephane). Paysages, marines, sujets militaires, sujets de genre, pièces historiques, cartouches, frises, animaux, perspective du Pont-Neuf à Paris, etc. Environ 250 pièces de divers formats réunies en un portef.

63. — Recueil de diverses pièces très nécessaires à la fortification. Suite de 14 petites pièces montées en un vol. In-4°, demi-chag. vert.

64. **Demarteau** l'aîné. Plusieurs trophées dessinés et gravés par Demarteau l'aîné. *A Paris, chez l'auteur*, in-4°, en ff.

Suite complète de 6 planches.
Belles épreuves à toutes marges.

65. — Allégorie sur la mort du Dauphin (La mort a révélé le secret de sa vie). Estampe petit in-fol. gravée par Demarteau l'aîné, d'après C.-N. Cochin fils.

Belle épreuve imprimée en sanguine.

66. **Demarteau, Bonnet et Le Barbier**. Modèles de dessins, têtes de femmes, amours, sujets religieux, académies, fleurs, paysages, animaux, etc. 90 pièces, la plupart imprimées en sanguine.

67. **Description des Fêtes** données par la Ville de Paris à l'occasion du mariage de Mme Louise Élisabeth de France et de Dom Philippe d'Espagne, les 29 et 30 août 1739. *Paris*, 1740, grand in-fol. demi-reliure.

Illustré d'une vignette et de 12 grandes planches (sur 13) gravées par Blondel.

68. **Dessins originaux** de l'École des Adams. Recueil de décorations de plafonds et de panneaux exécutés en Angleterre à la fin du XVIIIe siècle. In-fol. demi-rel.

Intéressant album de 73 dessins originaux à la plume rehaussés d'aquarelle et de lavis donnant de très jolis motifs de décoration de la fin du XVIIIe siècle. Une table manuscrite donne l'indication des châteaux et maisons dans lesquels ces décorations ont été exécutées.

69. **Dessins** d'architecture et d'ornement, tombeaux, décorations d'églises, fragments d'après l'antique, vases, pan-

neaux, serrurerie, orfèvrerie, etc. 40 dessins originaux à l'aquarelle, à la sépia ou au crayon. L'un d'eux est signé Peyre.

70. **Du Cerceau** (Jacques-Androuet). Les plus excellents Bastiments de France, auxquels sont designez les plans de quinze Bastiments, et de leur contenu : ensemble les élévations et singularitez d'un chacun. *A Paris, pour ledit Jacques Androuet Du Cerceau*, 1607, 2 tomes en un vol. in-fol. veau marbré, chiffre couronné au dos, tr. rouge. (*Rel. anc.*)

Bel exemplaire aux armes de H. de Caumont, duc de La Force. Bien complet des 149 cuivres sur 120 ff.

71. **Du Cerceau** (Paul-Androuet). Panneaux, arabesques, montants d'ornement, frises. 25 pièces dessinées et gravées par Paul-Androuet Du Cerceau.

72. **Dugourc** (Jean-Denis). Arabesques inventées et gravées par J.-D. Dugourc. *A Paris, chez Chéreau*, 1782, in-4° en ff.

Suite complète de 6 pièces,
On y a joint 3 pièces : Projets de pavillons chinois ou de chalets, gravées par Dugourc et Bertault, et une pièce, de forme ovale, représentant le tombeau de l'actrice M.-E. Joly, gravée par Fortier.

73. **Dumont le Romain**. Livre de nouveaux trophez inventez par J. Dumont le Romain et gravés par J. F. Blondel. *A Paris, chez Huquier*, in-4°, en ff.

Suite de 7 pièces, dont le titre dessiné par Oppenort. La 7e pièce ne contient qu'un trophée sur deux.

74. **Duplessis**. 1re (— 2e) suite de vases composés par Duplessis fils, sculpteur et ciseleur. *A Paris, chez l'auteur*, in-fol. en ff.

Suite complète de 10 pièces, dont 2 titres, donnant de très remarquables modèles de vases pour l'orfèvrerie.

75. **Dupuis** (C.). Recueil de vases dessinés et gravés par C. Dupuis, architecte à Versailles. *A Paris, veuve Chéreau.*

Suite de 12 pièces, in-8°, plus le titre.

76. **École allemande, XVIe et XVIIe siècles**. Frises, montants, motifs pour la bijouterie et l'orfèvrerie, décoration

architecturale. Environ 75 pièces par Virgile Solis, Pencz, Hopfer, de Bry, Hornick, D. Mignot, Dietterlin, D. Meyer, W. Hollar, Dilich.

77. **École allemande, XVIIIe siècle**. Décorations intérieures, plafonds, vases, panneaux décoratifs, sujets gracieux, cartouches, montants d'ornements. Environ 100 pièces par ou d'après Decker, Falbe, G. B. Goz, Habermann, Rudolph, J. W. Meil, Nilson, Straffer, etc.

78. **Écoles flamande et hollandaise**. Estampes décoratives, portraits, paysages, animaux, panneaux, cartouches, vases, etc., 60 planches par ou d'après Lucas de Leyde, H. Liefrinck, Collaert, Martin de Vos, Abr. de Bruyn, les Sadeler, Sweert, Rembrandt, Berghem, Rubens, Moucheron.

79. **École française, XVIIe et XVIIIe siècles**. Panneaux décoratifs, sujets allégoriques, vases, paysages, trophées, vues de ruines romaines, etc. Environ 100 pièces par ou d'après J. et D. Marot, Bérain, Coypel, S. Vouet, Delamonce, Babel, Blondel, Seb. Le Clerc, Le Bas, Arnal, Watteau, Boucher, Bouchardon, Pineau, Petit, Poulleau, Pillement, etc.

80. **École française, XVIIIe siècle**. Panneaux, décorations d'appartements, frises, montants, orfèvrerie, meubles, etc., 40 pièces par ou d'après Bellay, Boucher fils, Cauvet, Meissonnier, Mondon, Balechou, Lalonde, Ranson, Caillouet.

Ce lot contient une épreuve du titre de l'œuvre de Meissonnier.

81. **École italienne.** Cartouches, panneaux, vases, mascarons, frises, animaux, perspectives d'architecture, ruines de monuments antiques. 70 pièces par ou d'après Della Bella, Spada, Monti, Énée Vico, P. de Caravage, Bibiena, Panini, etc.

82. **École italienne**. Estampes décoratives, frises, vases, trophées, reproductions de peintures murales, etc. Environ 200 pièces par ou d'après Marc Antoine, Jean d'Udine, Aug. Vénitien, Polidor de Caravage, E. Vico, Alberti, Ann. Carrache, Zancarli, Castellus, Mitelli, Bibiena, Brunetti, Giardini, etc.

83. **École gratuite de Dessin.** Collection de modèles de dessin en usage dans cette école. A. P. D. R. Environ 250 pièces in-4° tirées pour la plupart en sanguine : ornements, figures, académies, animaux, fleurs, etc.

84. **Eisen** (Charles). Premier livre d'une Œuvre suivie, contenant différents sujets de décorations et d'ornements, comme vases, tombeaux, niches, fontaines, groupes de figures, statues à l'usage des architectes, sculpteurs, ciseleurs, etc. 1753, petit in-fol. en ff.

Titre et 15 pièces d'une suite de 36.

85. **Estampes** décoratives, frises, montants (XVIIe siècle), 70 pièces par Brebiette, Simon Vouet, J. Stella, Heince, Testelin, M. Dorigny, de la Fage, etc.

86. **Farinaste** (Paul). Diverses figures à l'eau-forte de petits Amours, Anges vollants et Enfants, propre à mettre sur frontons, portes et autres lieux. Ensemble plusieurs sortes de Masques de l'invention de Paul Farnaste, Italien. *A Paris, chez C. A. Jombert*, 1736, petit in-fol., demi-percaline grise avec coins genre Bradel, monté sur onglets.

Frontispice, vignette de Gillart, titre et 29 planches gravés sur cuivre.

87. **Fay, Prieur et Michel.** Montants d'ornement, panneaux, arabesques, décorations d'appartements, vases, frises, etc. Ensemble 36 pièces de différents formats.

88. **Floris** (Jacques). Cartouches ornés (École flamande XVIe siècle). Réunion de 70 pièces in-4°, en ff.

89. **Fontanieu** (G.-M. de). Collection de vases inventés et dessinés par M. de Fontanieu. Frontispice et 5 planches de vases.

90. **Forty** (Jean-François). Œuvres de sculptures en bronze contenant : girandoles, flambeaux, feux de cheminées, pendules, bras, cartels, baromètres et lustres. *A Paris, chez Chéreau*, in-4°, rel. veau, fil. dos orné.

Suite de 48 pl. gravées par Colinet et Foin, divisée en huit cahiers marqués A à H.
Série rare et recherchée.

91. **Forty** (J.-F.). Œuvres d'orfèvrerie inventées et gravées par J.-F. Forty, dessinateur. In-fol., en ff.

Suite complète de 18 pièces divisées en 3 cahiers donnant de riches modèles d'orfèvrerie religieuse et civile : calices, ciboires, flambeaux de table.

92. — Cahier de Vases inventés et dessinés par Forty et gravés par Laurent. *A Paris, chez Isabey et chez Jean*, in-fol. en ff.

5 pièces dont une double, 2 sont imprimées en sanguine.

93. — Projet de deux toilettes représentant toutes les pièces qui en dépendent, inventé et dessiné par J.-F. Forty. *A Paris, chez l'auteur*, in-fol. en ff.

4 pièces sans marges.
On y a joint 2 pièces de serrurerie dessinées et gravées par Forty.

94. **Fossier et Berthault**. Livre de différents trophées représentant l'amour des Arts. *A Paris, chez Mondhare*, suite complète de 4 pièces gravées par Berthault. — Cartels nouveaux composés par Berthault, 4 pièces d'une suite de 8. — Cul-de-lampe dessiné et gravé par Berthault, ensemble 9 pièces, in-4°.

95. **Francine** (Alexandre). Livre d'Architecture contenant plusieurs portiques de différentes inventions, sur les cinq ordres de colonnes. *A Paris, chez Melchior Tavernier*, 1640, in-fol. vélin blanc. (*Rel. anc.*)

Titre, 3 ff. de texte et 40 planches gravées sur cuivre, y compris le frontispice renfermant le portrait de l'auteur.

96. **G...** (Pierre). Fond de Coupe. La partie centrale, décorée de 2 figures de femmes, est entourée de 2 rangs de frises richement ornés. Pièce de forme ronde.

Pièce rare signée Pierre G... 1616.

97. **Germain** (Pierre). Éléments d'orfèvrerie, divisés en deux parties de 50 feuilles chacune. *A Paris, chez l'auteur*, 1748, 2 tomes en 1 vol. in-4°, veau fauve, fil, dos ornés, tr. dor.

100 planches gravées par Pasquier et Baquoy donnant de charmants modèles d'orfèvrerie religieuse et civile.
Toutes ces pièces sont soigneusement remargées.

98. **Gillot.** Les Passions, suite de 4 pièces. — Les quatre âges de la Vie d'un Satyre, suite de 4 pièces. — Fêtes de Bacchus, de Diane, de Faune et de Pan, suite de 4 pièces. — Dessus de Clavecin, 1 p. — Panneaux, sujets divers, 9 pièces. Ensemble 22 pièces.

Belles épreuves la plupart à grandes marges.

99. **Girard** (Romain). Livre de dessins au crayon. — Livre de leçons d'ornement dans le goût du Crayon dessiné par Girard et gravé par Demarteau l'aîné. In-fol., en ff.

17 pièces d'une suite de 36 planches imprimées pour la plupart en sanguine.

On y a joint un grand cartouche rocaille dessiné et gravé à l'eau-forte par Girard, sculpteur et professeur pour l'ornement.

100. **Godonnesche.** Médailles du règne de Louis XV. *S. l. n. d.*, in-4°, demi-veau marbré, tr. rouge.

Recueil entièrement gravé composé de un titre-frontisp., un feuillet pour la dédicace et 53 planches de médailles, avec texte descriptif, entourées d'encadrements ornés et variés.

101. **Hollar.** Élévation de la Tour de St-Rombaut à Malines. Grande pièce en hauteur gravée par Hollar, 1649.

Pièce fort rare.

102. **Houbraken** (J.). De Levens-Beschryvingen der Nederlandsche Konst-Schilders en Konst-Schilderessen..., door Jacob Campo Weyerman. *In's Gravenhage*, 1729, 3 vol. in-4, veau ant., dos orné, tr. marbrée.

Orné de planches hors texte, gravées sur cuivre, renfermant de nombreux portraits de peintres néerlandais, de vignettes et culs-de-lampe.

103. **Houel** (J.-P.). Paysages, marines, sujets champêtres, etc. 16 pièces gravées par Demarteau, Bonnet, Houel, etc.

9 de ces pièces sont imprimées en sanguine ou en bistre.

104. **Huet** (Les). Panneaux décoratifs extraits des *Cahiers et Fragments de principes de dessin*, animaux, fleurs, trophées, 35 planches imprimées la plupart en sanguine.

105. **Huquier**. La Bascule, sujet champêtre dans un encadrement orné. Grand panneau décoratif gravé par Aveline jeune. In-fol en larg.

Très belle épreuve à toutes marges.

106. — L'Architecture. Composition décorative animée de personnages dans un encadrement orné. In-fol. en larg.

Très belle épreuve.

107. — Panneaux décoratifs dans le goût chinois. 3 pièces, in-fol. en haut.

On y a joint une pièce gravée par Huquier représentant un vase chinois orné de fleurs.

108. — Livre de Serrurerie, 3 pièces — Livre de Trophées, de fleurs et fruits étrangers, 2 pièces — Vignettes et attributs, 8 pièces. Ensemble 13 pièces.

109. **Janel**. Modèles de Voitures, avec plans. 3 pièces gravées par Hauer.

110. **Jardins.** Parterres de broderie, plans de jardins, vues perspectives, etc. Recueil de 150 dessins ou gravures montés en un vol. in-fol., demi-rel., vélin blanc.

Très intéressant recueil de modèles de jardins à la française, par ou d'après Mollet, Boyceau, D. Marot, Perelle, Le Nôtre, Le Bouteux, Bouticourt, Le Blond, Touchar, Le Pautre, etc. Plusieurs des dessins originaux à la plume sont signés des initiales G. H.

111. **Jeaurat** (Edme-Sébastien). Traité de Perspective à l'usage des artistes. *A Paris, chez Ch.-Ant. Jombert*, 1750, in-4°, veau ant., dos orné, tr. rouge.

110 pl. gravées, une vignette par Soubeyron et 55 charmants culs-de-lampe par Babel, Cochin et Maryye.

112. **L...** (R.). *Recueil d'Ornements*. Guichets des croisées de Clagny; Trophées du bosquet des Dômes dans le parc de Versailles; Ornements et bas-reliefs d'après l'antique, etc. *A Paris chez Chéreau*, 32 pièces in-fol. gravées à la manière du crayon par Mlle Brinclair.

Épreuves imprimées en sanguine.

113. **Lagrenée** le Jeune. Recueil de Compositions par Lagrenée le Jeune, 1782, 4 p. — Frises d'après l'antique, 3 grandes pièces; ensemble 7 pièces in-fol.

Belles épreuves imprimées en bistre à la manière du lavis, avec marges.

On y a joint : une pièce double de la première suite gravée seulement au trait; une pièce gravée à l'eau-forte représentant des fragments antiques, 1765.

114. **La Joue** (J.). Dessus de portes du cabinet de Mgr le duc de Picquigny. *Paris, Vve Chéreau*, in-fol., en ff.

7 pièces très gracieuses représentant l'Architecture, la Peinture, la Sculpture, l'Astronomie, l'Optique, la Botanique et la Pharmacie.

115. — Cartouches, motifs d'architecture, écran à main, dessus de portes. 25 pièces gravées par Huquier, C. N. Cochin, Tardieu, Merz.

116. — Livre nouveau de douze morceaux de fantaisie utiles à divers usages. *A Paris, chez l'Auteur*, in-fol. en ff.

6 pièces d'une suite de 12 : Titre, les bains de la Sultane, Cascade, Chasse à l'Ours, le Palais de Pluton, trône du Grand Seigneur.

Belles épreuves à toutes marges, sauf pour le titre,

117. **Lalonde** (De). Œuvres diverses de Lalonde, décorateur et dessinateur, contenant un grand nombre de dessins pour la décoration intérieure des appartements, à l'usage de la peinture et de la sculpture en ornement, des meubles du plus nouveau goût, des pièces d'orfèvrerie et de serrurerie, etc. *A Paris, chez Chéreau*, s. d., petit in-fol. broché.

Titre orné et 132 pièces gravées par Foin, Berthault, de Saint-Morien, etc., divisées en 22 cahiers, donnant de charmants modèles de bordures de cadres, tables, consoles, girandoles, lustres, vases, cheminées, plafonds, pièces d'orfèvrerie, boîtes, tabatières, bijouterie, etc.

Exemplaire en parfait état dans sa brochure originale.

118. — Œuvres diverses de Lalonde. *A Paris, chez Chéreau*, in-fol. en ff.

74 planches comprenant les cahiers A, C, D, E, F, G, I, K, O, Q, complets.

On y a joint :

8 pièces du Livre d'ameublement.

16 pièces des cahiers de meubles et d'ébénisterie, dont le cahier A complet. Ensemble 98 p.

119. **Lavallée-Poussin.** Nouvelle collection d'arabesques propres à la décoration des appartements. Petit in-fol., en ff.

45 pièces gravées à la manière du lavis par Guyot et imprimées, pour la plupart, en bistre.

120. **Le Brun** (Ch.). Divers dessins de Décorations de Pavillons, inventez par M. Le Brun, premier peintre du Roy. *Paris, se vendent chez Edelinck,* s. d., in-fol., veau ant., dos orné.

Titre gravé et 13 pièces représentant les pavillons de Marly.
Bel exemplaire à toutes marges.

121. **Le Brun** (Charles), **Loir** et **P. Lepautre.** Motifs d'architecture et de décoration, panneaux, plafonds, fontaines, tapisseries, tables, etc. 50 pièces.

122. **Le Canu.** Suite de cheminées de différentes formes dans le goût antique, composée et gravée par Le Canu, suite de 6 pièces. — Cahier de fontaines, suite de 9 pièces. — Portes cochères, 2 pièces. Ensemble 14 pièces petit in-fol.

Le premier cahier est à toutes marges.

123. **Le Clerc** (Sébastien). Traité d'Architecture, avec des remarques et des observations très utiles pour les Jeunes Gens qui veulent s'appliquer à ce bel art. Par Sébastien Le Clerc, dessinateur et graveur ordinaire du cabinet du Roy. *A Paris, chez Pierre Giffart,* 1714, in-4°, fig., veau ant., dos orné, tr. rouge. (*Rel. anc. fatiguée.*)

181 planches gravées, plus 1 titre et 1 frontispice.

124. — Sujets militaires et historiques, sujets de genre, plafonds, frontispices, culs-de-lampe, vignettes, costumes, paysages, monuments. Environ 150 pièces de divers formats.

125. **Le Clère** (Thomas). Cahiers de principes de dessins d'après nature, faits par Le Clère, et gravés par Janinet, 1773. *A Paris, chez Le Père et Avaulez,* les *Campion, Mondhare et Jean,* 82 planches d'une suite de 90. — Cahiers de principes de dessins d'après nature gravés par Roubillac, 70 planches. — Cahiers de Fragments, 25 planches gravées par Jubier,

Duruisseau et Mlle Lingée. — Cahiers de dessins d'après nature, 27 pièces gravées par Bonnet. — Caprices et pensées de divers genres, etc., etc. In-fol. en ff. dans 2 cartons.

300 pièces imprimées, pour la plupart, en sanguine. On y remarque le portrait de Th. Le Clère dessinant dans son atelier, et une série de têtes de femmes gravées par Bonnet.

126. **Le Clère** (Th.). Modèles de dessin, têtes de femmes, animaux, sujets divers. In-fol. en ff.

90 planches, doubles de la collection ci-dessus, la plupart imprimées en sanguine.

127. **Le Pautre** (Jean). Œuvres d'architecture de Jean Le Pautre, architecte, dessinateur et graveur du Roy. *A Paris, chez Ch.-Ant. Jombert*, 1751, 3 vol. petit in-fol. en ff.

Recueil de 728 planches d'ornements de Jean Le Pautre, montées sur papier fort préparé pour la reliure.

On y a joint 472 pièces de Jean Le Pautre qui forment un supplément à l'édition de Jombert.

Ensemble environ 1 200 pièces.

128. — Décorations intérieures, cheminées, plafonds, lambris, frises, panneaux, décorations d'églises, vases, fontaines, jardins, sujets bibliques ou mythologiques, etc.

Environ 160 pièces, doubles de la série ci-dessus.

129. **Le Roux**. Décoration intérieure de la Galerie de l'Hôtel de Villars. 6 pièces gravées par Blondel.

130. **Mansart** l'aîné (Jean). Décoration du salon de Brunois. In-fol. en ff.

Suite de 5 pièces gravées par N. J. B. de Poilly.

131. **Mansart**. Livre de Cheminées exécutées à Marly, sur les dessins de Mr Mansart, Surintendant des Bastimens du Roy, dessinées et gravées par P. Lepautre, graveur du Roy. *A Paris, chez Daigremont*, 5 pièces. — Nouveau Livre de cheminées à la mode. *A Paris, chez F. Poilly*. 6 pièces. Ensemble 11 pièces.

132. **Marillier**. Nouveaux trophées ou cartouches représentant les Arts et les Sciences, avec les attributs qui les caractérisent. *A Paris, chez Mondhare*, petit in-fol. en ff.

Suite de 12 pièces, plus le titre.

133. — Orfèvrerie. *A Paris, chez Mondhare*. In-4° en ff.

5 pièces : calices, ciboires, burettes, chandeliers d'autels, soleils, croix de tabernacles, lampes, bénitiers, navettes, encensoirs.

134. **Marine**. Réunion de 3 albums de pièces sur la marine, gravées par Ozanne et par Baugean. In-8° et in-4° oblong, cart.

135. **Marot** (Jean). Grands vases. 11 pièces d'une suite de 20. — Petits vases, 4 pièces. Ensemble 15 pièces.

136. — Motifs d'architecture et de décoration des Hôtels et Églises de Paris. Cheminées, plafonds, etc. 60 planches, in-4° et in-fol.

137. **Marot** (Daniel). Livre d'appartements inventé par Marot, architecte du Roy, suite complète de 6 pièces. — Nouveau livre d'appartements, 4 pièces; ensemble 10 pièces petit in-fol. broché.

Le premier cahier est imprimé en sanguine.

138. — Fontaines, plafonds, cheminées, vases, montants d'ornements, treillages, etc. 30 pièces petit in-fol., marges inégales.

139. **Meissonnier**. Titre de l'œuvre. Très riche composition décorative gravée par E. Aveline. In-fol. en haut.

Très belle épreuve avant la lettre à grandes marges. La partie centrale contient une inscription à l'encre de Chine.

140. — Livre d'Ornements inventés et dessinés par J.-O. Meissonnier, architecte dessinateur du cabinet du Roy (cahier D, nos 20 à 26). Petit in-fol. en ff.

Suite complète de 7 pièces tirées sur 6 ff. Très belles épreuves à toutes marges.

141. **Meissonnier.** 5e livre d'ornements inventés par J.-A. Meissonnier et gravé par Huquier (cahier E, nos 28 à 34). Petit in-fol. en ff.

Suite complète de 7 pièces imprimées sur 4 planches.
Belles épreuves collées en plein.

142. — 9e livre des œuvres de J.-A. Meissonnier : surtout de table, cuvette pour le Roy, terrine, seau à rafraîchir, salières, et tabatières, porte-huillier (cahier I, nos 55 à 60). Petit in-fol. en ff.

Suite complète de 6 pièces gravées par Huquier.
Superbes épreuves du 1er tirage et à toutes marges.

143. — Livre d'orfèvrerie d'églises, 13e livre de J.-A. Meissonnier (cahier N, nos 78 à 80). In-fol. en ff.

3 belles pièces d'une suite de 6 : soleil exécuté en argent pour les religieuses carmélites de Poitiers en 1727, croix d'autel, ciboire.
Très belles épreuves à grandes marges.

144. — Vue du Salon de la princesse Sartorinska du côté des glaces (O, no 85). — Vues de l'angle et des trumeaux du cabinet de M. le comte de Bielinski, 1734 (P, nos 88 et 89). In-fol.

3 belles pièces gravées par Babel, Chenu et Baquoy.
Très belles épreuves avec marges.

145. — Projet (et développement) d'un trumeau de glace pour un grand cabinet fait pour le Portugal (Q. nos 92 et 93). In-fol. en haut.

2 très belles pièces gravées par Huquier. Marges.

146. — Canapé exécuté pour M. le comte de Bielinski en 1735. Projet du plafond d'une maison sise rue Rochechouart (Q, nos 94 et 95). In-fol.

2 très belles pièces gravées par Huquier. Superbes épreuves à toutes marges.

147. — Projet d'un tombeau fait à Dijon en 1733 (no 99). — Élévation géométrale du projet de la chapelle de Saint-Sulpice de Paris. — Projet d'un plafond de peinture pour la chapelle de la Vierge de Saint Sulpice de Paris (R, nos 101 et 105). In-fol.

3 belles pièces gravées par Ingram, Hérisset et Aveline.
On y a joint une épreuve avant la lettre de la 1re pièce.

148. **Meissonnier.** Épitaphe de marbre et bronze de M. le baron de Bezenval exécutée à Saint-Sulpice de Paris (n° 100). In-fol, en haut.

Belle pièce gravée par Huquier.
Très belle épreuve à toutes marges.

149. — Décoration intérieure, chandeliers de sculpture en argent, bordures de la carte chronologique du Roy, plan de l'écritoire de porcelaine (n°s 11, 12, 36, 38, 43). 6 pièces in-4° et in-fol.

On y a joint le portrait de Jean Victor Bezenval, gravé par Cl. Drevet, d'après Meissonnier.

150. **Menuiserie** (Modèles de) choisis parmi ce que Paris offre de plus nouveau, de plus remarquable et de meilleur goût; accompagnés de détails et développements qui doivent en faciliter l'exécution; suivis d'un abrégé de l'art du menuisier, et d'un traité des escaliers. *Paris, Bance* (1825), in-fol., demi-bas. brune. (*Rel. de l'époque.*)

74 planches gravées, y compris le frontispice, avec texte explicatif.

151. **Modèles de dessin**, figures, paysages et ornements, par Parizeau, La Rue, Renard, Clermont, Lagrenée le Jeune, 65 pièces gravées par Bonnet, Demarteau, Roubillac, Duruisseau, etc., et tirées pour la plupart en sanguine.

152. — Animaux, paysages, ornements, vases, figures, académies, fleurs. 100 pièces par ou d'après Desmoulins, Sarrazin, Thomas Le Clère, R. L., Bouchardon, etc., la plupart imprimées en sanguine.

153. — Figures, académies, ornements, etc. Environ 150 pièces, la plupart à la sanguine.

On y a joint un cahier de 9 planches intitulé : « Extraits des principes du dessin, d'après les plus grands maitres arrangés pour les demoiselles », par Villionne fils.

154. **Mondon** le fils. 1er (— 9e) livre de formes Rocquaille (et d'ornements propres pour la menuiserie) inventez par Mondon le fils et gravez par Aveline. In-4° en ff.

28 pièces extraites des 9 premiers cahiers (les cahiers 2 et 3 sont complets).

On y a joint 4 pièces dont : l'Heure du matin, belle pièce décorative, gravée par Aveline; Les plaisirs de l'hymen, gravée par Dupin; Décoration d'une boîte de style rocaille; Titre pour un livre d'écriture. Ensemble 32 pièces.

155. **Monnoyer** (Baptiste). Bouquets et vases de fleurs, corbeilles, couronnes, 18 pièces in-4° et in-fol.

156. **Moreau** (P.). Motifs d'ornements pour dessus de tabatières et boîtes. 8 pièces imprimées en sanguine contenant 15 motifs. — Les Quatre Saisons, suite de pièces gravées par La Chaussée représentant des trophées. Ensemble 12 pièces in-12.

157. **Neufforge** (De). Recueil élémentaire d'architecture, 80 pièces; plans, élévations de maisons et d'hôtels, décorations intérieures, meubles, serrurerie, treillages, fontaines, jardins, etc. In-fol.

158. **Normand** (Charles). Nouveau Recueil en divers genres d'ornements et objets propres à la décoration des bâtiments. *Paris, Bance*, 1828, in-fol. cartonné.

32 pièces gravées au trait donnant d'intéressants motifs de décoration de l'époque du 1er empire.

On y a joint 12 pièces vases par Normand, et 12 pièces de panneaux, frises et sujets arabesques composés et gravés par Quéverdo.

159. — Nouveau recueil de modèles en divers genres propres à la décoration. Réunion de 18 pièces gravées au trait. In-fol. en ff.

160. **Oppenort** (Gille-Marie). Œuvre de Gille-Marie Oppenort... Contenant différents fragments d'architecture et d'ornements, à l'usage des Bâtiments sacrés, publics et particuliers, gravés et mis au jour par Gabriel Huquier. In-fol.

94 pièces d'une suite de 120, savoir :

Le titre avant la lettre ;

L'encadrement orné pour le portrait d'Oppenort qui, dans cet exemplaire, a été remplacé par une inscription manuscrite (Épreuve à toutes marges);

Les cahiers AA à KK de chacun 6 pièces, sauf le cahier GG qui est incomplet de la pl. n° 3. Ensemble 59 pièces reliées en un vol. petit in-fol. oblong, veau ant., tr. rouge, aux armes ;

13 planches des cahiers LL, NN, OO et PP ;

18 planches des cahiers QQ, RR, SS, pliées et montées sur onglets; 2 pièces du cahier TT.

Toutes ces pièces, donnant de superbes modèles de décoration religieuse et civile de l'époque Louis XV, font partie de l'ouvrage connu sous le nom de *Grand Oppenort*.

161. **Oppenort** (Gille-Marie). Fontaines, pendules, montants d'ornements, trophées, cartouches, etc. 20 planches gravées par Huquier, Cochin, Tardieu et autres (6 font partie du *Moyen-Oppenort*).

162. **Objets d'art antique.** Réunion de 15 sujets gravés à la manière du crayon et imprimés sur une seule feuille in-fol.

Belle épreuve imprimée en sanguine.

163. **Orfèvrerie**, bijouterie, chiffres. 7 pièces, par Le Juge, Pouget, Lucotte.

164. **Ornements du XVIe siècle**. 35 pièces gravées par ou d'après Jacques-Androuet Du Cerceau, Étienne Delaune, Léonard Thiry et René Boyvin.

165. **Ornements du XVIIe siècle**, décoration intérieure, cheminées, cartouches, vases, frises, panneaux, décorations d'églises, etc. 100 pièces par H. Le Roy, Firens, Boutemie, Philippon, de la Guertière, Ch. Érard, Damery, Mouton, Dolivar, Guérard, Le Blond, etc.

166. **Ornements et decorations du XVIIIe siècle**. Fleurs, cartouches, vases, etc. 100 pièces par Vauquer, Le Roux, Jacques, Le Lorrain, De Wailly, Challe, Boulanger, Petitot, Piauger, etc.

167. **Ornements style empire**. Frises, montants, chapiteaux, vases, décorations intérieures, etc. Environ 250 pièces, par Soyer, Beauvallet, Villemain, Tirrart, Wallet et Huber, Romagnesi, etc. In-4° et in-fol.

168. **Ornements divers**. Réunion de 7 albums de gravures d'ornements et décorations intérieures, par et d'après Collet, Barbet, Le Roux, Bullet, Vredeman de Vriese, Lepautre, etc. Petit in-fol. reliés.

169. **Panier** (A.). Recueil de différents vases (ou fontaines). *A Paris, chez Bonnet*, in-4° en ff.

8 pièces gravées par Janinet, imprimées en sanguine et provenant de 3 cahiers différents.

On y a joint 2 pièces imprimées sur la même feuille d'un recueil de différents ornements propres aux orfèvres et fondeurs, et 2 pièces d'ornements d'après l'antique. Ensemble 12 p.

170. **Papier blanc ancien**. 3 albums de format in-4° et in-fol. reliés.

171. **Paysages et Ruines**, vues de monuments, etc. Réunion de 100 pièces, d'après de Machy, de Boissieu, Lallemant, etc.

172. **Paris**. Collection des maisons de commerce de Paris (et intérieurs) les mieux décorées. *Paris* (vers 1810), petit in-fol. en ff.

7 pièces en couleurs donnant les façades des boutiques de Tessier, parfumeur, de Mme Bertin, modiste, du Café de Flore aux Champs-Élysées, des restaurants Véfour et du Rocher de Cancale (nos 3, 5, 33, 47, 52, 55 et 56).

173. — La topographie de Paris, ou atlas topographique et statistique du plan géométral de la ville de Paris, par N. Maire. *Paris*, 1813, in-8°, br., couv. impr.

23 planches gravées et coloriées.

174. **Paty**. Trophées. 5 pièces d'une suite de 6, contenant chacune 2 motifs.

175. **Percier et Fontaine**. Recueil de décorations intérieures, comprenant tout ce qui a rapport à l'ameublement, comme vases, trépieds, candélabres, lustres, girandoles, lampes, cheminées, lits, tables, meubles, etc. *A Paris, chez les auteurs*, 1812, in-fol., carton., n. rog.

72 planches gravées au trait.

176. **Perelle**. Vues des Belles maisons de France. *A Paris, chez N. Langlois, s. d.* (XVIIe), in-fol., demi-veau gris, dos orné, tr. marbrée.

Recueil de 120 planches gravées sur cuivre, dont 32 relatives à Paris. Un titre ajouté.

177. **Peyrotte** (A.). Écrans à main décorés de paysages et fleurs dans le goût chinois gravés par Pariset. 3 pièces in-fol.

Très belles épreuves à toutes marges.

178. **Pillement** (Jean). Fleurs, ornements, cartouches, figures et sujets chinois, marines, paysages, etc. In-4° et in-fol. en ff. dans un carton.

210 pièces dessinées par Pillement et gravées à l'eau-forte par lui-même ou par Aveline, Avril, Canot, Jeanne Deny, Anne Allen, les Dagoty, Hess, Juillet, etc.

On y remarque les cahiers suivants : Fleurs persannes, 6 p. gravées par Pillement. — A New' Book of Chinese Ornament, 1755, 6 pièces gravées par Pillement. — Grandes scènes chinoises, 6 pièces, gravées par Aveline. — Petit Parasol chinois, 4 p., par Avril. — Cahier de Cartels chinois, 6 pièces, par Avril. — Fleurs naturelles et fleurs idéales à l'usage des dessinateurs et des peintres, 24 pièces en couleurs par Anne Hallen. — Livre de chinois, 6 pièces, par Canot. — Fleurs de Fantaisie dans le goût chinois, 5 pièces, par Canot. — Fleurs idéales, 6 pièces, par Gautier Dagoty. — Cahier de 6 nœuds de ruban, 1770, 6 pièces en couleurs, par Louis Dagoty. — Recueil des fontaines chinoises, 6 pièces, par Jeanne Deny. — Cahier de 6 baraques chinoises, 6 p., par Jeanne Deny et Louis Dagoty. — Recueil de trophées chinois, 6 pièces, par Hess, etc., etc.

Les productions de ce charmant maître sont d'une grande utilité pour les artistes qui s'occupent des dessins sur étoffes et sur papier peint (*Guilmard*).

179. **Pineau** (Nicolas). Modèles de décoration intérieure, tables, cartouches, autels et baldaquins, décorations de lits, etc. Réunion de 44 pièces, in-fol.

Cette collection contient :

Nouveaux dessins de lambris, suite complète de 6 pièces.

Nouveaux dessins de pieds de tables et de vases et consoles de sculpture en bois, suite complète de 6 pièces.

Nouveaux dessins de lits, 5 pièces.

180. **Piranesi**. Vues de Rome, fragments antiques, vases, candélabres, etc. 65 pièces, in-4° et in-fol.

181. **Ponce**. Arabesques antiques des bains de Livie et de la Ville Adrienne, avec les plafonds de la Ville Madame, peints d'après les dessins de Raphaël et gravés par les soins de M. Ponce. *Paris*, 1789, in-fol. en ff. sous couv. impr.

15 planches gravées sur cuivre.

182. **Prieur** (L.). 1re suite de vases. *A Paris, chez l'auteur, L. Prieur, ciseleur du Roy*, 1783, in-fol. en ff.

Suite de 4 pièces dessinées à la manière du crayon représentant de grands vases.
Très belles épreuves imprimées en bistre, à grandes marges.

183. **Quéverdo**. Panneaux, montants d'ornements, vase, vignettes, 23 pièces.

On y a joint une estampe d'après Quéverdo gravée par Dambrun : *Les Amours du Bocage.*

184. — Panneaux décoratifs, vases, 26 pièces en un vol. in-4, cartonné.

185. **Ranson**. Groupes de Fleurs et d'Ornements, trophées, attributs, cartouches. Réunion de 55 pièces gravées par Berthaut et Voysard. *Editées chez Chéreau et chez Esnault et Rapilly*. Petit in-fol. en ff., marges inégales.

186. — Trophées, ornements pour la boiserie d'appartements. *A Paris, chez Le Père et Avaulez*. 15 pièces gravées par Berthaut et Juillet. In-fol. en ff.

Les 1er et 10e cahiers sont complets.

187. — 2e cahier de décorations d'appartements. *A Paris, chez les Campions frères*. In-fol. en ff.

Suite complète de 6 pièces de grand format.

188. — Cahier de chiffres inventés par Ranson, Voysard, sculp. *Paris, Chéreau*, 2 pièces (nos 10 et 11). In-fol. en ff.

Belles épreuves à toutes marges.

189. **Recueil des Fondations** et Établissements faits par le Roi de Pologne, duc de Lorraine et de Bar, qui comprend la construction d'une nouvelle place, au milieu de laquelle est érigée la statue de Louis XV, et les bâtiments que Sa Majesté Polonoise a fait élever dans la Ville de Nancy pour son embelissement. Nouvelle édition augmentée et corrigée. *A Lunéville, chez Claude-François Méssuy*, 1762, in-fol. veau ant., dos orné, tr. rouge.

Orné de 3 grandes planches de Lamour, représentant les grilles de Nancy, de vignettes et culs-de-lampe. q. q. raccommodages.

190. **Représentation des Fêtes** données par la ville de Strasbourg pour la convalescence du Roy à l'arrivée et pendant le séjour de S. M. en cette ville. Inventé, dessiné et dirigé par J.-M. Weiss, graveur de la Ville de Strasbourg. Gr. in-fol. rel. veau aux armes du Roi.

Titre orné, portrait équestre de Louis XV, texte gravé dans des encadrements ornés, et 11 belles planches de double format gravées par Le Bas et Weiss.
Reliure de Pasdeloup très fatiguée ; mouillures.

191. **Romagnesi**. Recueil des dessins représentant les sculptures qui se trouvent dans l'établissement de L. A. Romagnesi, sculpteur figuriste, ornemaniste. 102 planches en un vol. in-4°, demi-rel.

192. **Roubillac**. Études de Fleurs d'après nature. *A Paris, chez Mondhare et Jean*, 21 pièces — Cahier de fragments pour amuser les jeunes gens au dessin, 9 pièces; Ensemble 30 pièces in-fol., la plupart tirées en sanguine.

193. **Roubo**. L'Art du Menuisier et du Treillageur, par Roubo fils, maître menuisier. *Paris, de l'Impr. de L. F. Delatour*, 1769-1775; 4 tomes en 6 vol. in-fol., dont 2 rel. demi-chag., tr. marbrée, et 4 cart. anc., n. rog.

Rare. — Ouvrage contenant près de 400 planches gravées sur cuivre. De la Menuiserie en général; L'Art du Menuisier-Carrossier; L'Art du Menuisier en Meubles; L'Art du Menuisier-Ébéniste; L'Art du Treillageur.
On a relié à la suite de la 3e partie : *L'Art du Layetier* par Roubo. *Paris*, 1782, 28 pp. de texte et 7 pl.

194. **Roumier** (F.). Livre de plusieurs coins de bordures inventés par François Roumier, sculpteur du Roy. In-8° en ff.

5 pièces (n°s 2 à 6) d'une suite de 7.
On y a joint une grande pièce en hauteur représentant un panneau orné d'un trophée avec attributs guerriers.

195. **Saint-Aubin** (Ch.-G. de). 1er (— 2e) Recueil de chiffres inventés par de Saint-Aubin, dessinateur du Roy. *A Paris, chez la Vve Chéreau*, in-fol., en ff.

Suite complète de 13 pièces gravées par Marillier.
Belles épreuves, 8 sont à toutes marges.

196. **Saint-G...** (DE). 2e cahier de vases inventés et dessinés par M. de St G... et gravés par Biance. *A Paris, chez Le Père et Avaulez*, in-fol. en ff.

Suite complète de 6 pièces.

197. **Saint-Non** (ABBÉ RICHARD DE). Recueil de Griffonnis. In-fol., demi-bas.

Recueil de 20 planches gravées par Saint-Non, 1763. Motifs et fragments antiques, figures, vases, ornements, etc.

198. — Recueil de Griffonnis, de vues, paysages, fragments antiques, etc. In-fol. en ff.

Titre et 28 pièces imprimées sur 18 feuilles.
Paysages, vues d'Italie, ruines antiques, d'après Fragonard, Hubert Robert, Le Prince, etc.

199. **Salembier**. Cahier de Frises composées et gravées par Salembier. — Cahier d'arabesques composées et gravées par Salembier. *A Paris, chez Chéreau*, in-fol. en ff.

2 suites complètes de chacune 6 pièces.
La 1re suite à grandes marges.

200. — Cahiers de trophées. *A Paris, chez Bonnet*, in-fol. en ff.

12 pièces gravées à la manière du crayon et imprimées en sanguine provenant de 3 cahiers différents.

201. — 1er (— 5e) cahier d'Ornement, dessiné par Salembier, et gravé par Juillet en 1777. *A Paris, chez Le Père et Avaulez*. In-fol. en ff.

23 pièces d'une suite de 30 planches donnant des modèles de frises, vases, boîtes de pendules, tombeaux, cartels, trophées, guéridons. On y a joint 3 pièces doubles, imprimées en sanguine, et de nombreux fragments d'ornements extraits des cahiers 6 à 8.

202. — Cahier de rinceaux de feuillages d'ornement. 5 pièces d'une suite de 18 planches gravées par Juillet. In-fol. en ff.

On y a joint pièce double imprimée en sanguine.

203. — Modèles d'Orfèvrerie, dessinés et gravés par Salembier. *A Paris, chez Bance aîné*. In-fol. en ff.

14 pièces d'une suite de 36 planches. On y a joint quelques fragments.

204. **Salembier.** Recueil d'ornement pour l'architecture, depuis les fragments jusqu'aux chapiteaux. *Paris, Bance, s. d.* In-fol. cart.

40 planches divisées en 10 cahiers. On y a joint : 1° 5 pièces doubles de la suite ci-dessus ; 2° 10 pièces d'une suite de principes d'ornement gravées et éditées par Petit, et imprimées en sanguine.

205. — Cahiers de Fleurs dessinées d'après nature par Salembier, Bonnet direxit. *A Paris, chez Bonnet.* In-fol. en ff.

13 pièces imprimées, pour la plupart, en sanguine.

206. — Frises, montants d'ornements, arabesques, fleurs, etc. Ensemble 24 pièces, doubles des séries ci-dessus.

207. **Saly.** Vases. 1746. In-4° en ff.

Frontispice et 18 planches d'une suite de 30 vases dessinés et gravés par Saly.

208. **Serrurerie.** Grilles, balcons, rampes, marteaux de portes, etc. 17 pièces par Babin, Dolivar, Lucotte, Lamour, etc.

209. **Sève** (De). Livre de culs-de-lampe et groupes d'enfants. *A Paris, chez Mondhare*, suite de 6 pièces in-fol.

210. **Silvestre** et **Perelle.** Vues de châteaux de France, vues d'Italie, paysages, jardins, saints et saintes de l'année, etc., environ 150 pièces de divers formats.

2 suites de vues d'Italie, de chacune 12 pièces, sont complètes, et en parfait état.

211. **Tessier.** Fleurs dessinées d'après nature ; corbeilles et vases de fleurs. 28 pièces gravées par Avril, Demarteau, Chevillet.

212. **Toro** (J.-B.). Nouveau livre de Vases. Petit in-fol., en ff.

Suite complète de 6 pièces gravées par de Rochefort et Cochin. Elles sont en mauvais état de conservation.

On y a joint 17 pièces du même auteur : cartouches, frises, décorations de plafonds, etc. Ensemble 23 pièces.

213. — Trophées nouvellement inventés par J.-B. Toro. *A Paris, chez Du Buisson.* Petit in-fol., en ff.

Suite complète de 6 pièces gravées par C. Cochin.

214. **Toro** (J.-B.). Livre de tables de diverses formes inventé par J.-B. Toro. *A Paris, chez Du Buisson.* Petit in-fol. en ff.

Suite complète de 6 pièces gravées par de Rochefort.

215. **Vases**, par Percenet, Beauvais, Moithey l'aîné, Watelet, Avril, Crépy, Voisin, Jacque. 40 pièces in-8° et in-4°.

216. **Vassé** (A.-F.). Dessin d'une Pendule décorée des chevaux d'Apollon et placée sur un Trumeau entre deux croisées. In-fol.

Pièce gravée par C.-N. Cochin.

217. **Venise.** Teatro delle fabriche piu cospicue in prospettiva, della citta di Venezia. *Venise, Giamb. Albrizzi*, s. d., 2 vol. in-4° obl., cart.

Une vue générale de Venise et 170 petites vues sur 94 ff.

218. **Vignettes et estampes décoratives du XVIIIe siècle**, culs-de-lampe, frontispices, paysages et animaux, etc. 300 pièces par ou d'après B. Picard, Le Prince, Marillier, Moreau le Jeune, de Sève, Watteau, Oudry, Cochin, Eisen, A. de Saint-Aubin, Gravelot, Oppenort, etc.

219. **Vinsac.** Orfèvrerie. 2 pièces (n° 4 du 1er cahier et n° 4 du 8e cahier).

Belles épreuves imprimées en bistre.
On y a joint un fragment de la planche n° 3 du 1er cahier.

220. **Vouet** (Simon). Livre de diverses grotesques peintes dans le cabinet et bains de la Reine Régente au Palais Royal, par Simon Vouet et gravées par Michel Dorigny, 1647, petit in-fol. en ff.

14 pièces d'une suite de 15. Le titre manque.

221. **Vues** et perspectives de Loo, Honslardyck et Soesdyck, chasteaux et maisons de plaisance du Roy de la Grande-Bretagne, ausquels on a adjoûté les veuës des environs de Clèves. Le tout dessiné et gravé par les plus habiles maîtres. *A Amsterdam, chez Gérard Valk*, 1695, in-4° oblong, veau, ant.

134 planches gravées sur cuivre et imprimées en couleurs, donnant des vues des châteaux et jardins de Hollande et d'Allemagne.

222. **Wagner** (Joseph). Sujets champêtres. Grands panneaux dans le genre de Huquier. Suite de 8 pièces in-fol.

223. — La Peinture et la Sculpture. 2 grands panneaux décoratifs ornés de personnages. In-fol. en larg.

224. **Watteau** (Ant.). Les Jardins de Bacchus, les Jardins de Cythère. 2 panneaux arabesques faisant pendant, gravés par Huquier. In-fol. en larg.

Belles épreuves, petites marges.

225. — La balanceuse. Grande arabesque gravée par Le Bas. In-fol. en haut.

Épreuve doublée.

226. — La diseuse d'aventures. — L'Amour mal accompagné. 2 estampes gravées par Cars et Dupin. In-fol.

227. — Voulez-vous triompher des belles... Estampe gravée par Thomassin fils, 1725. In-fol. en haut.

Belle épreuve, petites marges.

228. — Livre nouveau de différents trophées, inventés par Huquier. *A Paris, chez Huquier*, in-4° en ff.

8 pièces d'une suite de 12.

229. — Panneaux-Arabesques. 3 pièces gravées par Guyot. Pet. in-fol. en ff.

Belles épreuves imprimées en bistre.
On y a joint une petite pièce représentant un panneau, gravée à l'eau-forte par le comte de Caylus, d'après Watteau.

230. **Estampes en lots**. Sous ce numéro il sera vendu par lots environ 2000 estampes anciennes : vues de monuments religieux et civils, décorations intérieures, cartouches, frises, frontispices, fêtes, estampes décoratives, fleurs, modèles de dessins, etc., etc.

Paris. — Typ. Ph. Renouard, 19, rue des Saints-Pères. — 50285.

www.ingramcontent.com/pod-product-compliance
Ingram Content Group UK Ltd.
Pitfield, Milton Keynes, MK11 3LW, UK
UKHW021037180726
13838UKWH00004B/1865